新时代职教改革发展丛书

共建与互鉴：高职国际合作 CEC 人才培养新范式

杨娟　易俊　著

中国水利水电出版社

www.waterpub.com.cn

·北京·

内 容 提 要

本书共六章，从职业教育国际化政策背景、实践诉求、校本探索分析高职国际合作 CEC 人才培养新范式的创构背景，总结国内外职业教育国际化典型范例，引申出高职国际合作 CEC 人才培养理论基础、设计思路和理论框架。通过对运行机理中平台建设、资源建设、人才培养和评价实施的分析，以五个典型项目和发展展望，向读者展示如何共建与互鉴高职国际合作 CEC 人才培养新范式和未来探索。

本书成果已评选为重庆市教学成果奖特等奖，可供职业教育的专家学者和职业院校同仁参考，也可作为中国对外人文交流、国际教育合作分享使用。

图书在版编目（ＣＩＰ）数据

共建与互鉴：高职国际合作CEC人才培养新范式 / 杨娟，易俊著. -- 北京：中国水利水电出版社，2022.3
（新时代职教改革发展丛书）
ISBN 978-7-5226-0563-0

Ⅰ．①共… Ⅱ．①杨… ②易… Ⅲ．①高等职业教育－国际合作－人才培养－培养模式－研究－中国 Ⅳ．①G718.5

中国版本图书馆CIP数据核字(2022)第045210号

策划编辑：石永峰　　责任编辑：石永峰　　封面设计：梁　燕

书　名	新时代职教改革发展丛书 **共建与互鉴：高职国际合作 CEC 人才培养新范式** GONGJIAN YU HUJIAN：GAOZHI GUOJI HEZUO CEC RENCAI PEIYANG XIN FANSHI
作　者	杨娟　易俊　著
出版发行	中国水利水电出版社 （北京市海淀区玉渊潭南路 1 号 D 座　100038） 网址：www.waterpub.com.cn E-mail：mchannel@263.net（万水） 　　　　sales@waterpub.com.cn 电话：（010）68367658（营销中心）、82562819（万水）
经　售	全国各地新华书店和相关出版物销售网点
排　版	北京万水电子信息有限公司
印　刷	三河市华晨印务有限公司
规　格	170mm×240mm　16 开本　12 印张　182 千字
版　次	2022 年 3 月第 1 版　2022 年 3 月第 1 次印刷
定　价	68.00 元

序

"共同构建人类命运共同体"——习近平总书记提出的中国方案，蕴含着传承千年的中国智慧，指明了人类文明的前进方向。在此建设方案中，包括从历史久远处走来、应对世界百年未有之大变局、不断开创绚丽前程美好未来的"一带一路"重要倡议。这既是面向全世界的重要倡议，也是我国各项事业必须作答的重大课题，既是应对现实的课题，也是开创未来的课题。

职业教育是我国教育事业和人力资源开发的重要组成，是和普通教育同等重要的教育类型。我国职业教育在世界上规模最大，服务发展、促进就业功能发挥最突出，在世界职业教育中具有重要地位，对发展中国家职业教育发展作出了重要的智慧贡献，还将与"一带一路"国家职业教育实现共商、共建和共享。

重庆工程职业技术学院是一所具有 70 年办学历史的国家优质高职、示范高职和"双高"建设项目单位，在推进国家合作和服务"一带一路"建设中，勇于开辟新领域，善于开辟新路径，致力于打造全国职业教育国际合作标杆学校。近年来，学校秉持"文明互鉴、三方共建、多维双元"的国际合作人才培养理念，创构了高职"CEC"国际合作新范式，在国内高职院校、重庆中职学校和"一带一路"合作院校产生广泛影响。"CEC"之第一"C"是以重庆工程职业技术学院为核心的中方职业院校，"CEC"之"E"是中外企业，"CEC"之第二"C"是外方职业院校。由此构成合作三方，在实施人才培养中，探索实践了国内与国外、学校与企业多个维度的双元模式。这种合作的前提和基础是文明互鉴和文化互通，同时这种合作也进一步促进了文明互鉴和文化互通。由此可以认为，高职"CEC"国际合作既以"一带一路"建设为前提和基础，也为"一带一路"建设提供服务和支撑，是推进"一带一路"建设的重要内容。

在建构"CEC"国际合作新范式中，我们开展了深入的政策研究、实践诉求分析和校本案例解析，对之前的政府、学校、园区、企业和协会主导模式进行了比较研究，厘清了主要的优势和存在的问题，在此基础上，进行了范式的理论模型建构，创构了新的平台建设、资源建设、人才培养、评价实施等运行机理，通过建设中泰职业教育联盟、实施中德 4.0 产教融合项目、建设坦桑尼亚达累斯萨拉姆大学鲁班工坊、与"走出去"企业实施移动通信技术人才本土化培养项目、实施中俄智能制造国际化人才培养项目等，进行了卓有成效的实践检验。事实表明，高职"CEC"国际合作新范式，是具有中国特色、适合中国高职实际、"一带一路"国家职业教育机构乐于接受的合作范式，对我国"走出去"企业发展能够提供本土化人才培养支持。

我们深信，经历了新冠疫情考验的高职"CEC"国际合作新范式，在共同构建人类命运共同体、推进"一带一路"建设中，一定能够发挥更加突出的作用。对于我国打造国际职业教育中国品牌一定能够成为重要的典型案例。重庆工程职业技术学院也将站在新的起点、开启新的征程、取得新的成就、作出新的贡献。

让全国和全世界更加认同"CEC"，让"CEC"在全国和全世界行稳致远，不断向上翻新、向前涌进、向深广处拓展。这是出版此书的动因，也是做好高职国际合作的使命。

是以为序。

易俊

2022 年 1 月

前　言

2013 年 9 月和 10 月习近平主席分别提出建设"丝绸之路经济带"和"21 世纪海上丝绸之路"的倡议（简称"一带一路"倡议），2014 年底李克强总理提出"国际产能合作"的理念，2015 年 5 月国务院出台《关于推进国际产能和装备制造合作的指导意见》，重点是促进中国优质产能沿"一带一路"国家"走出去"。国际产能合作是"一带一路"建设的重要内容和实体支撑，深入开展国际产能合作是"一带一路"建设走深走实、行稳致远的关键。加快培养与推进面向国际产能合作的技术技能人才是职业院校重要使命。

2012 年以来，重庆工程职业技术学院依托中外合作办学项目开展国际合作，积累了宝贵的经验，也发现了一些问题。2016 年至 2018 年，学院承担了重庆市深化教育领域综合改革试点项目"高职国际合作 CEC（College&Enterprise&College，校企校）模式探索与实践"，研究拟定了高职国际合作"CEC"人才培养模式建构实践方案，2016 年 9 月开始实践检验，产生了突出的育人成效、显著的服务效应以及广泛的社会影响。

为进一步推进高职国际合作"CEC"人才培养模式建设行稳致远，我们编写了《共建与互鉴：高职国际合作 CEC 人才培养新范式》。本书将高职国际合作 CEC 人才培养新范式分成 6 个部分，包括高职国际合作 CEC 人才培养新范式的创构背景、高职国际合作人才培养范例分析、高职国际合作 CEC 人才培养新范式的理论模型、高职国际合作 CEC 人才培养新范式的运行机理、高职国际合作 CEC 人才培养新范式的典型项目以及发展与展望。

本书由杨娟、易俊主笔，参与编写的还有夏蕾、段筱箫、蔡庆、周桐、胡国瑞、李璨、王琳阳、向多莉、杨小燕、彭冰儿、刘丁一、代卓航、李同同、龚星月。这里特别感谢谭邵华教授、杨智勇教授、林克松教授、吴南中副教授提出了很多有益的见解并为本书定稿付出了辛苦工作。在编写过程中，还得到了重庆工程职业技术学院老师们的帮助，在此表示衷心的感谢。

希望通过本书给高等职业国际合作人才培养理论研究和实践研究方面提供一些建议。但受研究条件、自身知识水平与时间所限，疏漏和不妥之处在所难免，将在以后的学习和工作中继续进行相关知识的学习，努力钻研。

编　者

2022 年 1 月

目　　录

第1章 高职国际合作 CEC 人才培养新范式的创构背景

1.1 政策背景

《大辞海》对政策的释义是"党和国家为实现一定历史时期的路线和方针任务而规定的行动准则。具有鲜明的政治性。是一切行动的出发点，并且表现于行动的过程和归宿。不同性质的国家和政党，常有不同的政策。政策需要在实践中检验其正确与否，并在实践中得到丰富和发展。"①职业教育国际合作政策就是国家基于职业教育教育发展的现状和规律，为在日益激烈的国际竞争中，加强与世界各国职业教育交流与合作，在联合办学、课程资源开发、师资培训、境外实训基地建设等方面作出的一系列正式的、关于职业教育国际合作的制度规划和规则安排。

通过回溯我国职业教育国际合作实践发现，从最初的单向接受援助到坚持"引进来"与"走出去"并举的多元合作，在很大程度上是国家政策强力驱动的结果。就整体而言，我国职业教育国际合作的改革和发展模式是行政推动型和政策导向式的，其发展实质是职业教育国际合作政策史。因此，厘清我国职业教育国际合作政策的演进历程，不仅对当前"一带一路"建设背景下我国职业教育国际合作提供理论指导和实践方向，也对未来一个时期我国职业教育国际化政策发展趋势具有重要意义。

新中国成立初期百废待兴，国家亟需大量技术技能人才投入到国家经济建设中。为解决这一问题，国家围绕经济建设制定了一系列职业教育政策文件，这为后来的职业教育国际合作提供了制度基础。1951 年，《关于改革学制的决定》提

---

① 夏征农，陈至立. 大辞海·政治学·社会学卷[M]. 上海：上海辞书出版社，2010：43.

出职业教育为满足国家建设需求，必须扩大教育内容，中等专业学校要实施多样化的中等专业教育。《关于改革学制的决定》的出台，极大促进了职业教育的发展，开启了中国职业教育政策的起步与探索。1952 年，《政务院关于整顿和发展中等技术教育的指示》中进一步明确了中等技术学校人才培养的方向，强调"中等技术教育必须为国家建设培养技术人才，中等技术学校的主要任务是为各行各业培养技术人才"。1952 年 7 月，教育部颁布《中等技术学校暂行实施办法》，这是中华人民共和国成立后的第一部职业技术教育法规，成为职业教育发展制度化的标志①。1954 年，《关于改进中等专业教育的决定》《中等专业学校章程》相继颁布，文件明确了中等专业学校的范围，为如今中专技校教育制度奠定了基础。从新中国建立到党的十一届三中全会召开之前，这一时期由于受当时我国职业教育国际合作的开展条件限制，没有制定关于职业教育国际合作相关的政策，职业教育国际合作事业发展较为缓慢。

1978 年党的十一届三中全会召开，由此拉开了实施改革开放的序幕。改革开放以来，随着我国不断加大对外开放的支持力度，职业教育国际合作被注入了新的思想动力，职业教育国际合作政策也取得较快发展。2001 年，中国加入世界贸易组织作出教育开放的承诺，为职业教育国际合作提供发展新机遇，职业教育国际合作政策不断优化。2013 年，习近平总书记提出"一带一路"伟大倡议，以政策沟通、设施联通、贸易畅通、资金融通、民心相通为主要内容，在谋求自身发展的同时，为其他国家发展贡献了顺应历史潮流的中国智慧。"一带一路"倡议的实施，对职业教育提质增效、打造中国职业教育品牌提出紧迫需求，职业教育国际合作政策日趋完善。回溯改革开放以来职业教育国际化的发展历程，根据政策的颁布时间和国际合作特征表现，按照国家层面制定的法规、决定、纲要、意见等类型，可以将改革开放以来职业教育国际合作政策的发展历程分为三个阶段。

---

① 徐向飞. 百年来中国共产党职业教育政策发展的逻辑进路[J]. 教育与职业，2021（13）：5-12. DOI:10.13615/j.cnki.1004-3985.2021.13.001.

（一）认知发展阶段（1978—2000 年）：以改革开放为背景

随着党的十一届三中全会的召开，改革开放政策的实施，新中国开启了社会主义现代化建设的新征程。全国工作的重点转移到现代化建设上来，国民经济迅速恢复并取得蓬勃发展。通过对外开放，国家积极发展同世界各国平等互利的经济合作。在此背景下，各行各业亟需一大批高素质技术技能人才，但由于当时普通高校毕业生数量十分有限，为适应当时国民经济和社会发展的需要，一些大中城市开始兴办职业教育，职业教育政策在改革开放的时代背景下逐步走上了制度化、专业化的道路。改革开放初期，虽然没有针对职业教育国际合作的专门性政策，但为了解决技术性人才需求与教育供给能力有限之间的矛盾，政府颁布了《中共中央关于教育体制改革的决定》《中国教育改革和发展纲要》《关于改革城市中等教育结构、发展职业技术教育的意见》等政策（见表 1-1），将教育国际合作提升到战略决策地位。20 世纪 90 年代，关于职业教育国际合作政策相继出台。

表 1-1　1978—2000 年中国职业教育国际合作相关政策

政策所属时期	出台时间	文件名称	关于"国际合作"表述
认知发展阶段（1978—2000 年）	1985 年	《中共中央关于教育体制改革的决定》	要通过各种可能的途径，加强对外交流
	1991 年	《关于大力发展职业技术教育的决定》	加强与世界各国和地区及有关国际组织的职业技术教育交流与合作
	1993 年	《中国教育和改革发展纲要》	进一步扩大教育对外开放，加强国际教育交流与合作。大胆吸收和借鉴世界各国发展和管理教育的成功经验
	1995 年	《中华人民共和国教育法》	鼓励开展教育对外交流与合作
	1996 年	《中华人民共和国职业教育法》	境外的组织和个人在中国境内举办职业学校、职业培训机构的办法，由国务院规定
	1998 年	《关于实施〈职业教育法〉加快发展职业教育的若干意见》	加强引进国外职教优秀教材

资料来源：中国人民共和国教育部政府门户网站公开专栏

1985 年，《中共中央关于教育体制改革的决定》提出"教育体制改革要总结我们自己历史的和现实的经验，同时也要注意借鉴国外发展教育事业的正反两方面的经验。要通过各种可能的途径，加强对外交流，使我们的教育事业建立在当代世界文明成果的基础之上。"该文件是目前能查询到关于教育国际化相关内容最早的政策文件。

1991 年，国务院颁布《关于大力发展职业技术教育的决定》，提出"要努力办好现有各类职业技术学校。扩大中等职业技术学校的招生规模。加强与世界各国和地区及有关国际组织的职业技术教育交流与合作"。这是新中国成立以来关于职业教育发展的第一个指导性文件，对职业教育政策的发展具有历史性意义。

1993 年，《中国教育和改革发展纲要》强调，"进一步扩大教育对外开放，加强国家教育交流与合作。大胆吸收和借鉴世界各国发展和管理教育的成功经验。加强我国高等学校同外国高等学校的交流与合作，开展与国外学校或专家联合培养人才、联合开展科学研究。"

1995 年，《中华人民共和国教育法》指出，"鼓励开展教育对外交流与合作"。1996 年，《中华人民共和国职业教育法》提到"境外的组织和个人在中国境内举办职业学校、职业培训机构的办法，由国务院规定。"1998 年，《关于实施〈职业教育法〉加快发展职业教育的若干意见》指出"加强引进国外职教优秀教材"。

这一阶段的职业教育国际合作政策特征表现为：第一，推进以法律为核心的职业教育国际合作政策制度建设，从整体上为新中国职业教育发展提供了法律保障。第二，充分认识到中国职业教育发展的现实和世界发达国家职业教育发展的水平，制定和出台一系列关于职业教育国际合作的鼓励性政策，主要内容聚焦借鉴国外成功经验、引进国外优秀教材资源、开展合作办学等方面，国际化合作与交流相关内容略显不足。第三，针对职业教育国际合作领域的专项政策法规体系尚不完整。

（二）优化拓展阶段（2001—2012 年）：以加入世贸组织为背景

2001 年中国加入世界贸易组织后，中国对外经济和贸易飞速发展，我国经济

与世界经济的联系也更加紧密。随着国内外环境深刻变化，对职业教育国际合作
提出了新的更高要求。首先，经济发展对高质量的技术技能人才提出更大需求。
其次，严峻的办学形式促使大部分职业学校走上提档升级、转型发展的道路。最
后，加入世贸组织后，我国经济结构进行了大调整，要求职业教育既要培养人才
的基本素质又要注重实践技能的培养①。因此，职业教育国际化进程不断加快，职
业教育国际合作政策在这一时期得到进一步优化发展。国务院及有关部委相继出
台《关于大力推进职业教育改革与发展的决定》等 7 部指导职业教育发展的指导
性政策文件（表 1-2），提出鼓励引进国（境）外优质职业教育资源、鼓励开展中
外办学，职业教育国际合作政策发展步入改革提速期。2002 年，国务院发布《国
务院关于大力推进职业教育改革与发展的决定》，明确指出"推进职业教育的改革
与发展是实施科教兴国战略、促进经济和社会可持续发展、提高国际竞争力的重
要途径"。2003 年和 2004 年相继出台了《中华人民共和国中外合作办学条例》《中
华人民共和国中外合作办学条例实施办法》，是当时我国最高层次的对中外合作办
学的规定。《条例》既对中外合作办学行为进行了规范，同时也对政府管理行为进
行了规范。2004 年，《2003—2007 年教育振兴行动计划》提出要加强国际合作与
交流，提高教育对外开放水平。2005 年，《国务院关于大力发展职业教育的决定》
提出"扩大职业教育对外开放"，并就借鉴国外职业教育发展的先进经验、引进国
际先进职业教育资源，推动中外职业教育合作办学、鼓励职业院校毕业生到国外
就业等作出了相关规定。2007 年《国家教育事业发展"十一五"规划纲要》对加
强国际合作与交流作出明确要求，坚持教育对外开放、扩大留学规模、推动中外
合作办学以及加强汉语国际推广工作。2010 年《国家中长期教育改革和发展规划
纲要（2010—2020 年）》对职业教育国际化交流与合作的原则、目标、方法、内
容等提出了具体的实施计划。

　　这一阶段的职业教育国际合作政策特征表现为：第一，关于职业教育国际合
作各种配套政策制定逐渐成形，政策文件从鼓励性发展到具体的实施计划。第二，

① 武智. 新中国职业教育政策变迁研究（1949—2019）[D]. 扬州大学，2021. DOI:10.27441/d.cnki.
　　gyzdu.2021.001962.

政策制定不仅关注扩大职业教育国际交流与合作的范畴，还重点关注不同区域、不同层次、不同类别、不同发展阶段职业教育国际化政策的支持力度。第三，政策内容上对职业教育国际合作与交流的实施计划、开展形式、制度保障等作出了详细的规划计划，但仍未形成系统性、指导性的政策网络。

表 1-2　2001—2012 年中国职业教育国际合作相关政策

政策所属时期	出台时间	文件名称	关于"国际合作"表述
优化拓宽阶段（2001—2012 年）	2002 年	《国务院关于大力推进职业教育改革与发展的决定》	积极引进国（境）外优质职业教育资源
	2003 年	《中华人民共和国中外合作办学条例》	鼓励开展职业教育中外合作办学
	2004 年	《中华人民共和国中外合作办学条例实施办法》	指导开展职业教育中外合作办学
	2004 年	《2003—2007 年教育振兴行动计划》	重点推进"职业教育与培训创新工程"，大量培养高素质技术技能型人才，特别是高技能人才，推进教育国际合作与交流向全方位、多领域、高层次发展
	2005 年	《国务院关于大力发展职业教育的决定》	加强优质资源引进、中外合作办学等
	2007 年	《国家教育事业发展"十一五"规划纲要》	加强教育国际合作与交流，提高教育对外开放水平
	2010 年	《国家中长期教育改革和发展规划纲要（2010—2020 年）》	鼓励优质教育资源引进、学历学位互认、海外办学等，并提出实施计划

资料来源：中国人民共和国教育部政府门户网站公开专栏

（三）升华创新阶段（2013 至今）：以"一带一路"倡议为背景

2013 年"一带一路"倡议的提出，不仅为区域教育大开放、大交流、大融合提供了重大战略机遇与合作平台，更对职业教育加快提质增效步伐、打造职业教育中国品牌和中国模式提出了紧迫需求[①]。首先，职业教育国际化的观念不断深化，

---

① 郭静．"一带一路"视角下职业教育国际化的行动策略：基于政策框架与实践模式的分析 [J]．教育与职业，2018（05）：28-34．DOI:10.13615/j.cnki.1004-3985.2018.05.005．

众多职业院校积极把握发展机遇，开创探索职业教育国际合作新模式。其次，职业教育国际交流平台更加广阔，在"一带一路"倡议实施下，中国已与 188 个国家和地区、46 个重要国际组织建立了教育合作与交流关系，与 54 个国家签署了高等教育学历学位互认协议，职业教育国际化舞台不断扩展。最后，"一带一路"建设对职业教育提出提质增效的迫切要求，加强职业院校特色和品牌打造，提高职业院校对外开放竞争力和影响力，不仅是加强我国与世界各国教育互利合作的现实需要，同时也体现了在推动命运共同体构建中的责任担当。在此背景下，国家出台了一系列政策作为引导、支撑，鼓励教育国际交流合作，许多专门针对职业教育国际合作的政策（见表 1-3）呈现"井喷"状态，我国职业教育国际合作政策得到全面升华。如 2015 年《高等职业教育创新发展行动计划（2015—2018 年）》指出"支持专科高等职业院校学习和引进国际先进成熟适用的职业标准、专业课程、教材体系和数字化教育资源；选择类型相同、专业相近的国（境）外高水平院校联合开发课程，共建专业、实验室或实训基地，建立教师交流、学生交换、学分互认等合作关系"。这表明，职业教育国际化不仅是国外优质职业教育资源的引进或者是留学生、师资的培养培训，而且是要提高到成为职业教育国际标准、国际规则、国际体系的参与者、制定者和主导者[①]。2015 年，《关于深入推进职业教育集团化办学的意见》中提出"要服务国家'一带一路'倡议"，其中特别提出鼓励和支持职业院校、行业企业、科研院所等组成职业教育集团"走出去"，通过在国外独立办学或合作办学，提升中国职业教育国际影响力和产业国际竞争力。职业教育国际化政策在强调职业教育自身国际化的同时，也把助力"一带一路"建设、助力中国企业"走出去"等作为职业教育国际化政策制定的主要目标。2016年《关于做好新时期教育对外开放工作的若干意见》从加快留学事业发展、提升涉外办学水平、提升我国教育实力和创新能力、丰富中外人文交流、促进教育领域合作共赢、促进沿线国家教育合作等方面，对新时期教育对外开放工作进行了重点部署。紧接着，国家在《推进共建"一带一路"教育行动》提出，"推进'一

[①] 王忠昌. 改革开放 40 年我国职业教育国际化政策的变迁及展望——基于 42 份国家层面政策文本的分析[J]. 职业技术教育，2018，39（21）：15-21.

带一路'国家民心相通、提供人才支撑、实现共同发展。开展教育互联互通合作、人才培养培训合作、共建丝路合作机制"。"一带一路"教育行动是我国在新的历史条件下实行全方位对外开放的重大举措，推行互利共赢的重要平台。2017 年《国务院办公厅关于深化产教融合的若干意见》指出"鼓励职业学校、高等学校引进海外高层次人才和优质教育资源，开发符合国情、国际开放的校企合作培养人才和协同创新模式。探索构建应用技术教育创新国际合作网络，推动一批中外院校和企业结对联合培养国际化应用型人才。鼓励职业教育、高等教育参与配合"一带一路"建设和国际产能合作"。2019 年《关于实施中国特色高水平高职学校和专业建设计划的意见》指出"加强与职业教育发达国家的交流合作，引进优质职业教育资源、推出一批具有国际影响的高质量专业标准、课程标准、教学资源，打造中国职业教育国际品牌"。2020 年《职业教育提质培优行动计划（2020—2023年）》等政策文件从师资交换、境外办学、对接职业教育国际标准、引进专家和优质职业教育资源等方面明确了职业院校国际合作的方式，并注重产教融合，打造高水平职业教育实训基地，加强紧缺型人才的境外培训。《教育部等八部门关于加快和扩大新时代教育对外开放的意见》等政策文件明确提出完善教育对外开放布局，加强与大国、周边国家、发展中国家与多边组织的务实合作。尤其提出在职业教育领域鼓励职业院校和企业相互配合，社会力量共同参与，推进职业教育走出国门和稳妥地开展境外办学①。2021 年《关于推动现代职业教育高质量发展的意见》明确提出要打造中国特色职业教育品牌，并从提升中外合作办学水平、拓展中外合作交流平台和推动职业教育走出去三个方面提出具体要求，不断增强国际话语权，讲好中国故事、贡献中国智慧。

这一阶段的职业教育国际合作政策特征表现为：第一，在政策的数量上不断增加，较"一带一路"倡议之前，出现数量上的飞跃。第二，在政策的内容上不断丰富，更加注重职业教育内涵发展和职业教育的国际话语权，形成比较完备的职业教育国际合作政策体系。第三，在政策价值上不断升华，职业教育国际合作

---

① 马君，李一凡. 我国职业教育国际合作政策的发展历程、演进逻辑与优化路径[J]. 教育与职业，2021（20）：20-27. DOI:10.13615/j.cnki.1004-3985.2021.20.003.

政策在强调职业教育自身国际化的同时，也把推行"人类命运共同体"、助力"一带一路"建设、助力中国企业"走出去"等作为职业教育国际化政策制定的主要目标。

表 1-3　2013—2021 年中国职业教育国际合作相关政策

政策所属时期	出台时间	文件名称	关于"国际合作"表述
升华创新阶段 （2013 年至今）	2013 年	《教育部关于 2013 年深化教育领域综合改革的意见》	扩大教育对外开放。扩大来华留学规模，办好一批中外合作办学机构，推进教育国家合作交流综合改革试验区建设等
	2014 年	《关于加快发展现代职业教育的决定》	将职业教育国际化融入办学模式
	2015 年	《中华人民共和国教育法（2015 年修正）》	增加内容：支持学校及其他教育机构引进优质教育资源，依法开展中外合作办学，发展国际教育服务，培养国际化人才
	2015 年	《现代职业教育体系建设规划（2014—2020 年）》	建设开放型职业教育体系，扩大引进优质职业教育资源，鼓励骨干职业院校走出去
	2015 年	《高等职业教育创新发展行动计划（2015—2018 年）》	加强与信誉良好的国际组织、跨国企业以及职业教育发达国家开展交流与合作，探索中外合作办学的新途径、新模式。支持专科高等职业院校学习和引进国际先进成熟适用的职业标准、专业课程、教材体系和数字化教育资源
	2015 年	《关于深入推进职业教育集团化办学的意见》	要服务国家"一带一路"倡议，支持职业教育集团"走出去"，加强与跨国企业、国（境）外院校合作
	2016 年	《推进共建"一带一路"教育行动》	推进"一带一路"国家民心相通、提供人才支撑、实现共同发展。开展教育互联互通合作、人才培养培训合作、共建丝路合作机制
	2016 年	《关于做好新时期教育对外开放工作的若干意见》	加快留学事业发展，提升涉外办学水平，丰富中外人文交流，实施"一带一路"教育行动、促进沿线国家教育合作

续表

政策所属时期	出台时间	文件名称	关于"国际合作"表述
升华创新阶段 （2013 年至今）	2017 年	《国务院办公厅关于深化产教融合的若干意见》	加强国际交流合作。推动中外院校和企业结对联合培养国际化应用型人才，鼓励职业教育参与配合"一带一路"建设和国际产能合作
	2019 年	《国家职业教育改革实施方案》	建成覆盖大部分行业领域、具有国际先进水平的中国职业教育标准体系
	2019 年	《中国教育现代化 2035》	开创教育对外开放新格局。全面提升国际交流合作水平，推动同其他国家学历学位互认、标准互通、经验互鉴。扎实推进"一带一路"教育行动
	2019 年	《关于实施中国特色高水平高职学校和专业建设计划的意见》	提升国际化水平。加强与职业教育发达国家交流合作，打造中国职业教育国际品牌，积极参与"一带一路"建设和国际产能合作，推动技术技能人才本土化
	2020 年	《职业教育提质培优行动计划（2020—2023 年）》	实施职业教育服务国际产能合作行动。加快培养国际产能合作急需人才，支持职业学校，到国（境）外办学。推进"中文+职业技能"项目等，助力中国职业教育走出去
	2020 年	《教育部等八部门关于加快和扩大新时代教育对外开放的意见》	推动职业教育更加开放畅通，加快建设具有国际先进水平的中国特色职业教育体系
	2021 年	《关于推动现代职业教育高质量发展的意见》	提升中外合作办学水平，办好一批示范性中外合作办学机构和项目。拓展中外合作交流平台，形成一批教育交流、技能交流和人文交流的品牌。推动职业教育走出去，积极打造一批高水平国际化的职业学校，推出一批具有国际影响力的专业标准、课程标准、教学资源

资料来源：中国人民共和国教育部政府门户网站公开专栏

1.2　实践诉求

2014 年 12 月李克强总理访问哈萨克斯坦期间达成产能合作共识，国际产能合作作为国际产业转移与对外直接投资相结合的新模式，是我国进一步加大改革开放，推进"一带一路"高质量建设，参与全球经济治理的一个重大战略举措。此举进一步加强我国经济与世界各国在产业合作、产品互供和市场互补等层面的合作，积极推进与发达国家在技术与创新领域的合作，促进我国经济提质、增效、升级；同时，推动我国优势产业国内产能与国外市场的对接，发挥两个市场作用，扩大进口，优化产品输出，加大产业输出，加强对外经济合作，提升产业在国际同台竞争中的能力，优化我国企业生产能力的全球布局。

职业教育是率先回应国际产能合作服务保障需求的主体之一，在国家全面开放新格局带来的制度红利中，职业教育与产业企业进一步融合联通，创新性地开展了服务中国产业和产品"走出去"的系列行动。

（一）"一带一路"倡议下国际产能合作诉求

需求作为改革的源动力，构建职业教育服务国际产能合作的框架，"一带一路"倡议下国际产能合作的多元诉求，对中国职业教育带来了一系列新需求、新挑战和新机遇。国际产能合作可以分为国家层面、产业层面和企业层面 3 个相互关联的维度[①]，不同层面的国际产能合作具有不同的需求重点。

1. 国家层面产能合作现状与需求

从国家层面看，国际产能合作是国家之间互利合作，共建人类命运共同体的重要举措。不同于传统国际贸易、国际投资和国际技术流动的单一国际分工模式，国际产能合作既包含产品分工、生产要素、消费市场等硬实力的合作，又包含技术、管理、标准等软实力的合作。国务院颁布的《国务院关于推进国际产能和装

---

① 安宇宏. 国际产能合作[J]. 宏观经济管理，2015（10）：83.

备制造合作的指导意见》（国发〔2015〕30 号）明确表示，近期国际产能合作的主要方向和重点国别是与我国装备和产能契合度高、合作愿望强烈、合作条件和基础好的亚洲周边国家和非洲国家，并积极开拓发达国家市场，以点带面，逐步扩展。据中国商务部测算，"一带一路"沿线国家（包括中国）的经济总量约为 21 万亿美元，占世界比重的 1/3 左右，人口共计 46 亿人，占比超过 60%。其中，丝绸之路经济带周边国家的经济总量为 6 万亿美元，人口接近 20 亿人，21 世纪海上丝绸之路的周边国家经济总量 5 万亿美元，人口接近 13 亿人[①]。

目前，我国已与 171 个国家和国际组织签署了 205 份共建"一带一路"合作文件[②]，"六廊六路多国多港"的互联互通架构基本成形，对沿线国家的货物贸易额和非金融类直接投资稳步增长。联合国贸发会议（UNCTAD）《2021 世界投资报告》显示，2020 年在新冠疫情冲击下，全球对外直接投资流量 7399 亿美元，同比下降 39.4%，中国对外直接投资却逆势增长，流量达 1537.1 亿美元，首次跃居世界第一，占全球份额的 20.2%。2002—2020 年中国对外直接投资流量在全球的位次如图 1-1 所示[③]。

通过深化国际产能合作，推进三方和多方合作，积极吸引境外企业来华投资兴业。2013—2020 年，中国对沿线国家直接投资累计达 1360 亿美元，沿线国家在华新设企业累计达 2.7 万家，实际投资累计约 600 亿美元。国家层面的产能合作服务保障需求主要集中在理念引领与机制建设两个方面。首先，产能合作在国家层面的推进需要坚持义利并举、合作共赢、开放包容与市场运作的基本原则，秉承构建人类命运共同体等对外关系理念，并在国际合作全过程中通过人文交流予以保障；其次，国际产能合作需要从国家经济外交整体战略出发，强化我国比较优势，在充分掌握和论证相关国家政治、经济和社会情况基础上，对项目整体

① 商务部投资促进事务局中国服务外包研究中心."一带一路"战略下的投资促进研究[EB/OL]. https://www.yidaiyilu.gov.cn/gbjg/xdzzn/16019.htm，2017（3）：3.
② 任佳萍，倪好. 新时期中国职业教育对外开放的战略定位与路径探索——2020 中国职业教育服务"一带一路"建设论坛综述[J]. 职业教育研究，2021（10）：18.
③ 中华人民共和国商务部，国家统计局，国家外汇管理局. 2020 年度中国对外直接投资统计公报[R]. 北京：中国商务出版社，2021.

经济和社会效益、资金保障、机制建设、本土化经营等进行宏观谋划，从顶层进行合理布局，以有力有序有效地向前推进产能合作项目。

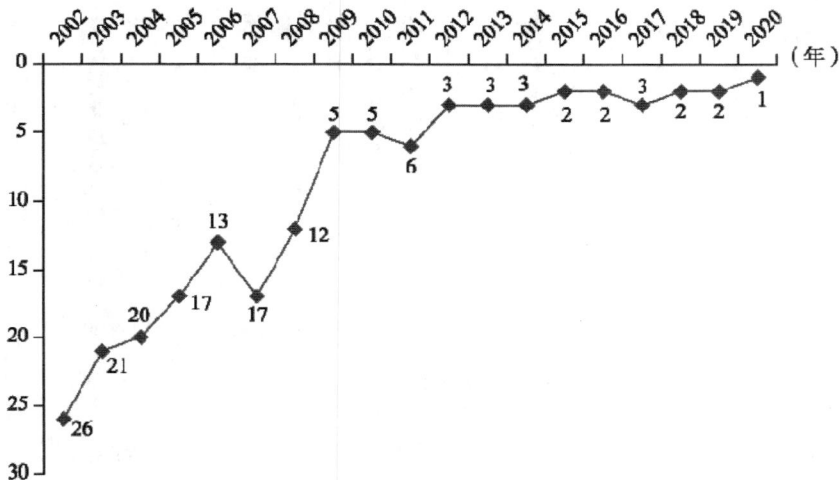

图 1-1　2002—2020 年中国对外直接投资流量在全球的位次

注：数据来源于历年《中国对外直接投资统计公报》

2. 产业层面的产能合作现状与需求

从产业层面看，国际产能合作是根据不同产业产品的劳动分工程度和技术复杂程度，在国家间实现产业互通有无、调剂余缺、优势互补。《国务院关于推进国际产能和装备制造合作的指导意见》（国发〔2015〕30 号）将钢铁、有色、建材、铁路、电力、化工、轻纺、汽车、通信、工程机械、航空航天、船舶和海洋工程等作为国际产能合作的重点行业。重点产业在"一带一路"沿线国家的产能合作分类实施，从行业门类看，2020 年，外商直接投资主要集中于制造业，信息传输、软件和信息技术服务业等。2020 年外商直接投资行业结构概况如图 1-2 所示①。

---

① 中国外资统计公报 2021. 中华人民共和国商务部[EB/OL]. https://fdi.mofcom.gov.cn/come-datatongji-con.html?id=15367，2021(12): 43.

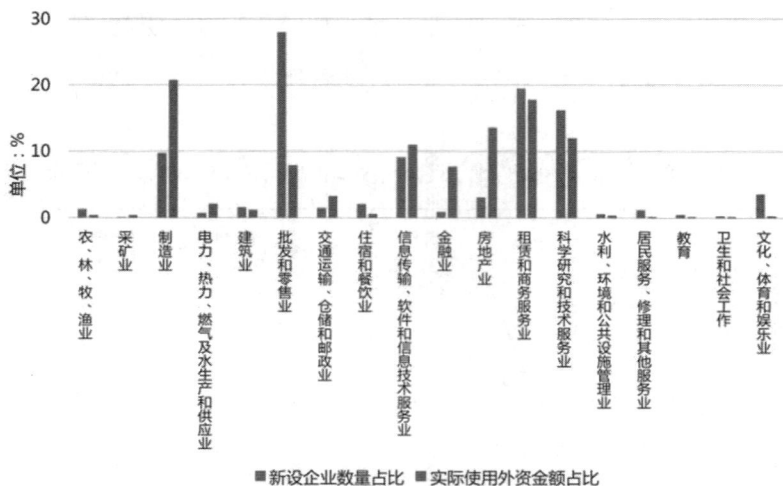

图 1-2　2020 年外商直接投资行业结构概况

2020 年，欧盟在华投资新设企业 1695 家，同比下降 21.7%，占我国新设外商投资企业数的 4.4%；实际投资金额 56.9 亿美元，同比下降 11.8%，占我国实际使用外资金额的 3.8%，如图 1-3 所示[①]。

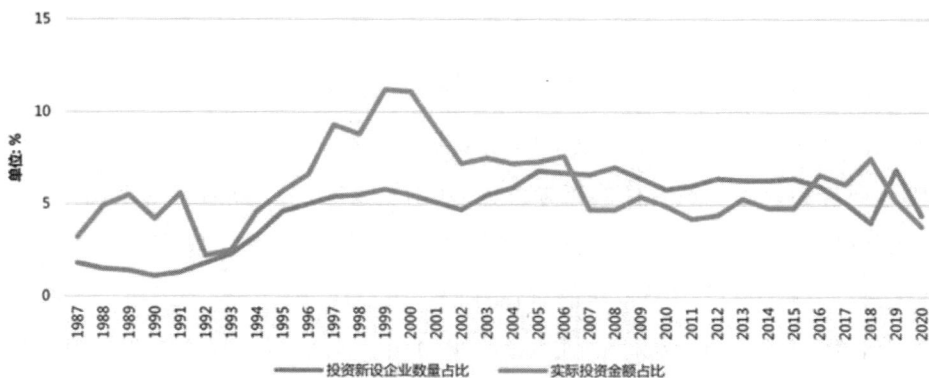

图 1-3　2020 年欧盟在华投资情况

注：1987—2019 年欧盟对华投资数据包含英国对华投资，2020 年起不再包含英国。

2020 年，欧盟对华投资金额前 5 位行业分别是制造业、租赁和商务服务业、

---

① 中国外资统计公报 2021．中华人民共和国商务部[EB/OL]．https://fdi.mofcom.gov.cn/come-datatongji-con.html?id=15367，2021(12):11.

科学研究和技术服务业、批发和零售业、金融业；5 个行业新设企业数占比 82.2%，实际投资金额占比 96.3%。2020 年欧盟在华投资金额前 5 位行业如表 1-4 所示[①]。

表 1-4　2020 年欧盟在华投资金额前 5 位行业

行业	新设企业数/家	比重/%	实际投资金额/亿美元	比重/%
总计	1695	100	56.9	100
制造业	216	12.7	29.9	52.5
租赁和商务服务业	398	23.5	18.4	32.3
科学研究和技术服务业	269	15.9	2.5	4.4
批发和零售业	503	29.7	2.4	4.1
金融业	6	0.4	1.7	3

2020 年，东盟在华投资新设企业 1872 家，同比下降 12.9%，占我国新设外商投资企业数的 4.9%；实际投资金额 79.5 亿美元，同比增长 1%，占我国实际使用外资金额的 5.3%，如图 1-4 所示[②]。

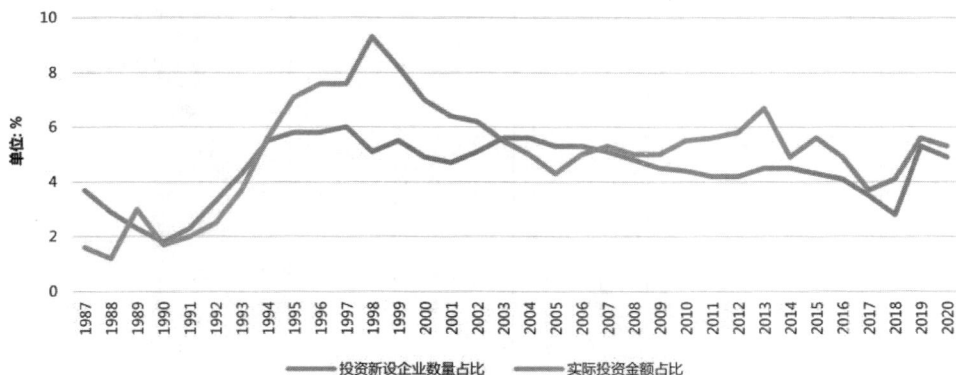

图 1-4　1987—2020 年东盟对华投资情况

2020 年，东盟对华投资金额前 5 位行业分别是制造业，房地产业，租赁和商务服务业，交通运输、仓储和邮政业，批发和零售业；5 个行业新设企业数占比

① 中国外资统计公报 2021．中华人民共和国商务部[EB/OL]．https://fdi.mofcom.gov.cn/come-datatongji-con.html?id=15367，2021(12): 11.
② 中国外资统计公报 2021．中华人民共和国商务部[EB/OL]．https://fdi.mofcom.gov.cn/come-datatongji-con.html?id=15367，2021(12): 12.

61.8%，实际投资金额占比 82.9%。2020 年东盟在华投资金额前 5 位行业见表 1-5[①]。

表 1-5　2020 年东盟在华投资金额前 5 位行业

行业	新设企业数/家	比重/%	实际投资金额/亿美元	比重/%
总计	1872	100	79.5	100
制造业	167	8.9	21.8	27.4
房地产业	30	1.6	17.6	22.1
租赁和商务服务业	373	19.9	14.7	18.5
交通运输、仓储和邮政业	47	2.5	6.3	7.9
批发和零售业	540	28.9	5.6	7.0

2020 年，"金砖国家"在华投资新设企业 895 家，同比下降 14.5%，占我国新设外商投资企业数的 2.3%；实际投资金额 0.6 亿美元，同比下降 31.6%，占我国实际使用外资金额的 0.04%。2010—2020 年"金砖国家"对华投资情况如图 1-5 所示[②]。

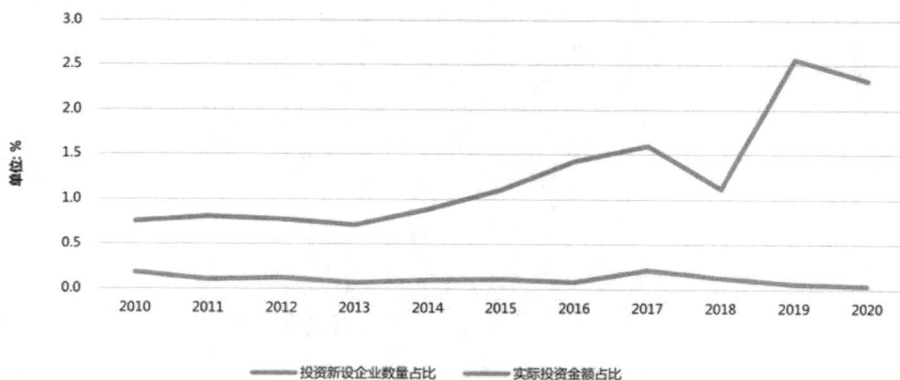

图 1-5　2010—2020 年"金砖国家"对华投资情况

2020 年，"金砖国家"对华投资金额前 5 位行业分别是制造业，批发和零售业，信息传输、软件和信息技术服务业，科学研究和技术服务业，租赁和商务服

---

① 中国外资统计公报 2021．中华人民共和国商务部[EB/OL]．https://fdi.mofcom.gov.cn/come-datatongji-con.html?id=15367，2021(12): 12.

② 中国外资统计公报 2021．中华人民共和国商务部[EB/OL]．https://fdi.mofcom.gov.cn/come-datatongji-con.html?id=15367，2021(12): 13.

务业；5 个行业新设企业数占比 88.3%，实际投资金额占比 99.4%。2020 年"金砖国家"在华投资金额前 5 位行业见表 1-6[①]。

表 1-6　2020 年"金砖国家"在华投资金额前 5 位行业

行业	新设企业数/家	比重/%	实际投资金额/亿美元	比重/%
总计	895	100	0.6	100
制造业	37	4.1	0.4	65.8
批发和零售业	404	45.1	0.1	23.7
信息传输、软件和信息技术服务业	49	5.5	0.03	5.8
科学研究和技术服务业	65	7.3	0.02	3
租赁和商务服务业	235	26.3	0.006	1.1

2020 年，"一带一路"沿线国家（地区）在华投资新设企业 4254 家，同比下降 23.6%，占我国新设外商投资企业数的 11%；实际投资金额 81.2 亿美元，同比下降 0.02%，占我国实际使用外资金额的 5.4%。2013—2020 年"一带一路"沿线国家（地区）对华投资情况如图 1-6 所示[②]。

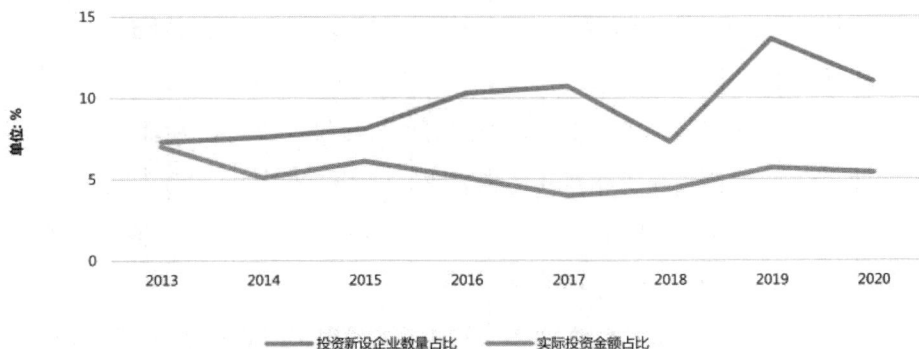

图 1-6　2013—2020 年"一带一路"沿线国家（地区）对华投资情况

① 中国外资统计公报 2021．中华人民共和国商务部[EB/OL]．https://fdi.mofcom.gov.cn/come-datatongji-con.html?id=15367，2021(12): 13.

② 中国外资统计公报 2021．中华人民共和国商务部[EB/OL]．https://fdi.mofcom.gov.cn/come-datatongji-con.html?id=15367，2021(12):14.

2020 年，"一带一路"沿线国家对华投资金额前 5 位行业分别是制造业，房地产业，租赁和商务服务业，交通运输、仓储和邮政业，批发和零售业；5 个行业新设企业数占比 71.9%，实际投资金额占比 82.9%。2020 年"一带一路"沿线国家（地区）在华投资金额前 5 位行业见表 1-7[①]。

表 1-7　2020 年"一带一路"沿线国家（地区）在华投资金额前 5 位行业

行业	新设企业数/家	比重/%	实际投资金额/亿美元	比重/%
总计	4254	10o	81.2	100
制造业	239	5.6	22.6	27.9
房地产业	34	0.8	17.8	21.9
租赁和商务服务业	803	18.9	14.7	18.2
交通运输、仓储和邮政业	80	1.9	6.3	7.8
批发和零售业	1901	44.7	5.8	7.1

通过分析欧盟、东盟、"金砖国家"、"一带一路"沿线国家（地区）在华投资发现，发展中国家众多，工业基础薄弱，短时间内很难通过自身努力推动产业发展，而通过参与国际产能合作是一条很好的途径，双方根据各自产业发展需要，在充分发挥双方比较优势的前提下进行产业和投资合作，能够有效促进双方经济发展，实现产业结构升级。

2020 年，受新冠肺炎疫情影响，中国对外直接投资流向农/林/牧/渔业、住宿和餐饮业、文化/体育和娱乐业、教育等领域的投资降幅较大，制造业、信息传输/软件和信息技术服务业、建筑业领域的投资仍保持较大增幅。2020 年中国对外直接投资流量行业分布情况见表 1-8[②]。

从"一带一路"建设的实践中看，中国同沿线国家在要素禀赋和产业结构上具有较强的互补性，为深化双边产能合作提供了有利条件。沿线国家大多处于工业化进程中，对国际资本的需求强烈，而中国作为全球制造大国，大部分产能对

---

① 中国外资统计公报 2021．中华人民共和国商务部[EB/OL]．https://fdi.mofcom.gov.cn/come-datatongji-con.html?id=15367，2021(12): 14.

② 中华人民共和国商务部，国家统计局，国家外汇管理局．2020 年度中国对外直接投资统计公报[R]．北京：中国商务出版社，2021．

沿线国家属于优势产能，通过投资建厂开展生产与服务，中国可以帮助沿线国家发展适合的产业，提高沿线国家相关产业的技术和生产力，从而带动沿线国家的产业结构升级。因此，"一带一路"倡议有助于加快中国同沿线国家的产能合作，促进中国资本流入沿线国家，增加对沿线国家资本的供给，扩大沿线国家产业发展所需的资本供给规模，从而优化其产业发展的资本配置结构，同时也能为沿线国家带来先进技术和管理经验，有利于溢出效应发挥，促进沿线国家产业结构优化升级[①]。

表 1-8　2020 年中国对外直接投资流量行业分布情况

行业	流量	同比/%	比重/%
合计	1537.1	12.3	100.0
租货和商务服务业	387.2	-7.5	25.2
制造业	258.4	27.1	16.8
批发和零售业	230.0	18.3	15.0
金融业	196.6	-1.5	12.8
信息传输/软件和信息技术服务业	91.9	67.7	6.0
建筑业	80.9	114.0	5.3
交通运输/仓诸和邮玫业	62.3	60.6	4.0
采矿业	61.3	19.5	4.0
电力热力/燃气及水的生产和供应业	57.7	49.1	3.7
房地产业	51.9	51.8	34
科学研究和技术服务业	37.3	8.7	24
居民服务/修理和其他服务业	21.6	29.3	1.4
农/林/牧/渔业	1.8	-55.7	0.7
卫生和社会工作	6.4	178.3	0.4
水利环境和公共设链管理业	1.6	-40.7	0.1
教育	1.3	-80.0	0.1
住宿和餐饮业	1.2	-80.0	0.1
文化体育和娱乐业	-21.3	0.0	-1.4

① 王晖,仲鑫."一带一路"倡议促进了沿线国家产业结构升级吗？[J].经济与管理研究,2021,
　42（10）：17-35.

3. 企业层面的产能合作现状与需求

企业是国际产能合作的主体。《国务院关于推进国际产能和装备制造合作的指导意见》（国发〔2015〕30 号）明确"企业主导、政府推动"是国际产能合作的基本原则，企业要坚持以市场为导向，自主决策、自负盈亏、自担风险，按照商业原则和国际惯例，积极开展国际产能和装备制造合作，拓展企业自身国际发展的新空间。2020 年，中国企业对"一带一路"沿线国家实施并购项目 84 起，并购金额 3105 亿美元，占并购总额的 11.1%。对"一带一路"沿线国家投资增长两成，占比提升一个百分点，2020 年末，中国境内投资者在"一带一路"沿线的63 个国家设立境外企业超过 1.1 万家，涉及国民经济 18 个行业大类，当年实现直接投资 225.4 亿美元，同比增长 20.7%，占同期中国对外直接投资流量的 14.7%，较上年提升一个百分点，从行业构成看，流向制造业的投资 76.8 亿美元，同比增长 13.1%，占 34.1%。建筑业 37.6 亿美元，占 16.7%。信息传输/软件和信息技术服务业 8.2 亿美元，占 3.6%[①]。

企业层面的国际产能合作需求主要体现为两个方面。一是全过程的技术需求，包括设计研发、运营维护的各个环节，企业要拓展对外合作方式，需要结合对象国的特点，灵活开展技术合作、技术援助等多种方式，开拓国际市场，并提高用工、采购等环节的本地化水平，加强当地员工培训，积极促进当地就业和经济发展；二是全方位的平台保障需求，体现在管理体系、环境建设等，企业亟需人才、体制等要素来支撑创新商业运作模式，通过技术提高境外经营能力和水平，以人才、技术服务配套企业构成"走出去"的纽带。

（二）国际产能合作背景下国际化技术技能人才培养诉求

职业教育国际化在"双循环"新发展格局和"一带一路"建设框架下，对接国际产能合作需求，有利于全球人力资源配置和人才国际竞争，参与全球职业教育治理体系的视角，提高人力资本投入，实施高水平对外开放战略，为实现我国

---

① 中华人民共和国商务部，国家统计局，国家外汇管理局. 2020 年度中国对外直接投资统计公报[M]. 北京：中国商务出版社，2021.

"一带一路"建设提供更高质量人力资源保障服务。

1. 国际产能合作推动人力资本投入和产出

人力资本水平和分布的差异是形成当前新的国际分工的重要依据。同时，国际产能合作反过来提升人力资本的投入与产出。国际产能合作是推动一个国家或地区产业变动的重要经济力量，各国以招商引资、吸引国际资本等方式带动本国相关产业发展，并影响产业的国际分工。目前中国通过"一带一路"建设，推动我国企业和产业资本以及当地资本投入比例，直接调整了相关国家和地区产业发展和产业结构，间接地促进相关地区的人力资本投入与结构变化。这是一个依靠投资拉动产业发展，由产业刚性需求带动人力资本投入和产出的过程，形成"需求—投入—过程—产出"的人力资本价值链[①]。"一带一路"沿线以发展中国家或欠发达国家为主，人力资本水平较低，难以负荷产业投资带动的人力短缺的急剧上升的需求，人力资本与产业发展无法平衡，出现国际化技术技能人才的短缺问题，相当程度上制约了国际产能合作发展，这也是目前我国在推动"一带一路"建设过程中发现的人力资本难题。同时，以我国外循环体系的产业来看，在国际产业空间中谋求国际合作发展过程中始终面临人力资本瓶颈问题。党的十九大报告提出，人才是实现民族振兴、赢得国际竞争主动的战略资源。"人才供给决定着发展的水平和质量，人力资本结构是产业结构调整与升级的重要基础，人力资本结构与产业结构相匹配，或者说人力资本的有效供给可以提升产业结构调整的速度。"[②]在新的国际形势下，人力资本已成为我国国际化发展的需求，提升人力资本的国际竞争力更需要适应"双循环"发展新格局的结构、配置方式。党的十九届五中全会进一步明确要深入实施科教兴国战略、人才强国战略，构建适应经济高质量发展和创新驱动发展的现代教育体系，特别是"需要加快构建具有全球竞

---

① 钟富强，高瑜. 国际产能合作视角下国际化技术技能人才培养的战略要义与实施路径[J]. 中国职业技术教育，2021（7）：58-65.
② 教育部等六部门关于印发《现代职业教育体系建设规划（2014—2020 年）》的通知 [EB/OL].（2014-06-16）http://www.moe.gov.cn/srcsite/A03/moe_1892/moe_630/201406/t20140623_170737.html.

争力的职业技能人才制度体系，培育更多的高端职业技能创新型人才"[①]。目前，我国国际产能合作发展需要构建相应的人力资本结构体系，职业院校作为培养国际化技术技能人才的主力军，直接为我国企业参加国际产能合作提供劳动生产力，提升劳动生产率，服务我国产业参与全球产业分工，也是新发展格局下我国职业教育提升国际化人才培养水平的新要求。

2. 国际产能合作视角下国际化技术技能人才培养的需求

随着"一带一路"倡议和"中国制造 2025"等国家重大战略的实施，中国产能国际化发展成为大势所趋。职业教育也顺势而上，一批优质的高职院校协同企业"走出去"，在为企业服务的同时，积极输出中国高职模式。职业教育担负着为国家发展战略提供人才支撑的任务，必须要抓住新发展格局下"一带一路"高质量建设的契机，扩大对外开放合作，对接国际产能合作需求，为国家现代化建设培养国际化技术技能人才。

（1）以职业教育国际化发展培养国际化技术技能人才。国际化是我国现代职业教育体系建设的一个重要组成。德国、英国、美国等发达国家都将职业教育的国际化发展列入重要建设清单，以教育体制改革、国际化人才培养、师资队伍建设、国际课程开发等多种形式构建符合国家发展需要的职业教育国际化体系。在我国"双循环"发展新格局下，更需要加快现代化职业教育体系建设步伐，重点提升职业教育国际化发展。一是要厘清人力资本投入、产出与产业结构的关系，面对经济发展对人力资本结构、层次提出的新要求，以我国国际"大循环"的重要依托，做好人力资源配置的顶层设计，系统推进我国高职教育国际化发展。二是增强为国际产能合作提供人力资源保障服务，推动多样化高质量的国际职业教育合作，培养"一带一路"背景下国际产能合作需要的各类技术技能人才。三是拓宽职业教育国际服务与就业人才市场平台。优质国际产能的输出，要求有一批优质的职业教育服务于产业，为国际产能合作输出我国高职模式，培养懂中国文化、熟练掌握技术的本土化国际人才，提升技术技能人才的就业质量。

---

① 国务院办公厅关于深化产教融合的若干意见 [EB/OL]．（2017-12-05）http://www.gov.cn/zhengce/content/2017-12/19/content_5248564.htm.

（2）依托国际产能合作培养国际化技术技能人才。国际化技术技能人才是职业教育国际化的出发点。职业教育的根本任务是为产业发展培养对口的技术技能人才，专业对接产业，课程对接生产内容，教学对接生产活动，根据产业需求培养人才是职业教育的办学特色和人才培养途径。要站在服务国家"一带一路"倡议的高度，结合地方产业，寻求与符合高职院校特色专业的标杆型企业合作，谋划高职院校服务企业的路径与方略，确定合作的国别和产业项目，提升职业教育国际视野。根据高职院校办学特色和专业发展，助力国际产能转移，对接世界职业标准，通过输出高职教育优质教育资源来确立在国际合作中的影响力，争取国际话语权。高职院校在开展国际化项目时，需要强化顶层设计，基于校企合作项目来寻找突破口和立足点，提升学校综合办学水平的内驱动力和国际化办学水平。同时结合高职自身办学特色与经验，依托 "走出去"企业，接轨国际职业教育互认体系，重塑专业建设的新理念，梳理专业建设的新流程，不断完善保障体系，提升职业教育专业建设的国际化水平。2014 年国务院印发《关于加快发展现代职业教育的决定》提出"培养符合中国企业海外生产经营需求的本土化人才"。2017年《国务院办公厅关于深化产教融合的若干意见》提出"鼓励职业教育、高等教育参与配合'一带一路'建设和国际产能合作"等要求，并支持"推动一批中外院校和企业结对联合培养国际化应用型人才"[①]。2019 年，教育部、财政部在《关于实施中国特色高水平高职学校和专业建设计划的意见》强调促进我国职业教育"积极参与'一带一路'建设和国际产能合作，培养国际化技术技能人才，为中国产业走向全球产业中高端提供高素质技术技能人才支撑"。《中国教育现代化2035》提出"总体实现教育现代化，迈入教育强国行列，推动我国成为学习大国、人力资源强国和人才强国"的目标。随着我国经济发展，满足"一带一路"建设和国际产能合作人力资本需求作为落实职业教育服务我国国内国际双循环的具体举措，为推动经济社会发展和提升国际竞争力作出贡献，发挥高等职业教育作为我国人力资本的一支重要力量的价值和作用。

---

① 国务院办公厅关于深化产教融合的若干意见[EB/OL].（2017-12-05）http://www.gov.cn/zhengce/content/2017-12/19/content_5248564.htm.

3. 国际产能合作面临国际化技术技能人才供给不足的现实问题

"一带一路"建设推动我国国际产能合作规模不断扩大，层次不断提升，促进了优势产业向国外的转移与国际合作，我国与全球相关合作国家间的劳务和人力资源合作已经形成了较大的规模，且需求旺盛。根据商务部数据，2020 年，面对新冠肺炎疫情对世界经济的严重冲击，对外承包工程业务保持了平稳发展，全年共在全球 184 个国家和地区新签合同额 2555.4 亿美元，完成营业额 1559.4 亿美元[①]。当地创造了大量的就业机会，仅以东盟为例，中国—东盟关系已成为亚太区域合作中最为成功和最具活力的典范。商务部数据显示，截至 2021 年 6 月底，中国企业在东盟国家开展工程承包合作累计完成营业额接近 3500 亿美元。东盟是中国最主要对外投资目的地和外商直接投资来源地，双向投资多年来保持较快增长。截至 2021 年 6 月底，中国和东盟国家相互累计投资总额超过 3100 亿美元。双方在制造业、农业、基础设施、高新技术、数字经济、绿色经济等领域投资合作稳步拓展。同时，我国在国际化技术技能人才的供给上，还难以满足国际产能合作的发展需求，面临一定的人力资源风险。对此，急需以国际产能合作需求为导向，建立多层次的人才培养和服务保障体系。在国际化人才供应方面，主要缺少熟悉海外法律法规、商业规则、具有国际客户服务、跨国团队管理经验的管理人才，也缺少大量的具有海外工作经验的技术人才。例如，我国电力企业近年来对外直接投资不断增加，承接了大量对外承包工程、装备出口和技术服务出口业务，但也面临尖锐的国际化人才供给问题，"电力海外投资在国内很难招聘到满足各项条件的国际化人才，在东道国招聘也面临语言差异、企业认可度、劳动法障碍等问题"[②]。"一带一路"沿线大部分国家人力资本投入不足，平均受教育程度低，职业教育不受重视，职业技能培训落后，劳动者素质较差，技术技能人才严重短缺。据统计，中资企业在东盟雇佣的本土员工 75%为高中及以下文凭，而边境劳务派

[①] 商务部发布《2020 年度中国对外承包工程统计公报》[EB/OL].（2021-9-9）http://www.mofcom.gov.cn/zfxxgk/article/gkml/202109/20210903196509.shtml.

[②] 曾芬钰，李格格，王惠洲. 我国电力企业国际产能合作面临的人力资源风险及应对[J]. 对外经贸实务，2019（1）：46-49.

遣的人员 80%以上为初中文凭①。从总体上来看，在我国在推进"一带一路"高质量发展，深化产能国际合作的形势下，我国的国际化技术技能人才培养存在严重的需求，急需提高人才的供给服务保障。

2020 年，在全球新冠疫情冲击下，中国国际产能合作中的制造业、信息传输/软件和信息技术服务业、建筑业领域发展投资仍保持较大增幅。为了保障国际化人力资源配置，产教融合跨国合作成为了职业院校对外开放的一个新目标。面对国内国外的两方面需求，依托对接的专业群建设打造人才培养高地，是构建现代化职业教育体系的重要任务。通过电子通信、建筑工程、机电一体化等专业群紧密对接地方经济产业，创新人才培养模式，培养复合型的国际化技术技能人才，依靠学校办学优势开展国际合作办学的探索是职业院校研究的新课题。

1.3 校本探索

重庆工程职业技术学院早期国际交流工作由各二级院部根据自身发展需要组织教师出国（境）学习培训；2010 年成立国际交流与合作处之后，进一步推进国际交流合作工作，在常态化开展国（境）外校际师生互访学习的同时，2012 年起，学院在国际合作办学方面进行深层次探索，主要开展了联合澳大利亚堪培门理工学院开展中澳会计班、联合中兴通讯探索通信行业国际化人才培养模式等项目的探索实践。

（一）校校合作阶段（CC1.0）——以中澳项目为例

在探索国际合作办学的初始阶段，学院积极响应国家政策，在合作专业、合作模式方面积极学习借鉴外方院校经验，着力提升校校合作深度。

2000 年前后，我国进入全面建设小康社会、加快社会主义现代化进程的阶段，对职业教育国际合作提出了新要求，加之 WTO《服务贸易总协定》中对于教育服

---

① 杨清，李卫东. 以东盟国家为例论物流管理 1+X 证书的国际化发展[J]. 教育与职业，2020（10）：98-101.

务的规定进一步推动了我国高等教育中外合作办学的发展。与此同时，作为教育产业化国家代表的澳大利亚积极进入中国教育市场，我国与澳大利亚开展了"中澳（重庆）职业教育与培训（ACCVETP）"项目，随后签署《中华人民共和国和澳大利亚政府关于"中澳（重庆）职业教育与培训项目"谅解备忘录》等政策文件，澳大利亚成为在中国职业教育领域开办中外合作办学项目和机构较早且最大规模的国别之一。

在此背景下，重庆工程职业技术学院与澳大利亚堪培门技术与继续教育学院于 2012 年开始合作举办会计专业高等专科学历教育项目。

1. 中澳项目基本情况

2012 年 10 月，学院与澳大利亚堪培门理工学院联合举办中澳会计班。该项目招收高中毕业生，学制 3 年，采用"3+0"或"跨国分段"培养模式，毕业可获中澳专科双文凭。主要开设税费计算与纳税申报、基本业务核算、会计软件的运用、预算与预测、会计信息化处理等 9 门主干课程和基本业务核算实训、会计软件运用实训、预算与预测实训等 5 门实习实训课程，主要面向中澳合作企业，培养涉外会计人才，每年计划招收 40 人。

2. 中澳项目基本模式特征

（1）校校共培。中澳班教学的开展由双方学校共同制订教育教学计划和培养方案、课程设置及教学内容；专业人才培养方案中专业课程以澳大利亚 TAFE 涉外会计专业培训包中的专业课程为主；所有课程均由中澳两校优秀教师讲授，澳方教师承担总学时的 35% 左右（至少 30%），中方专业教师双语授课，承担总学时的 65% 左右。学生录取后，中澳双方同时分别在本校为其注册学籍。学生在工程职院通过 3 年学习，完成全部课程及考试后，可获得中澳两国教育部门认可的中国高等院校专科毕业文凭和澳大利亚专业高级文凭。

（2）双语双境。中澳项目中澳方课程全部采用双语教学，学生毕业之前有 1～3 个月的境外（赴澳）学习和实习时间。通过"双语双境"的学习，本项目学生可以在提高英语应用水平的同时，切身体会澳大利亚学习与工作环境，把境内所学的相关会计知识与境外的实践相联系，巩固与深化所学。

（3）澳方主导。本项目在开展过程中，实际上突出服务澳方标准：虽然专业课程由中澳双方的课程衔接而成，但澳方课程由澳方以符合澳大利亚质量培训框架（AQTF）的培训包为特色，中方课程则在澳方提供课程基础上，考虑在国内就业所需的必备技能和综合素质增设相关核心课程。而在授课语言要求方面，澳方的课程由中澳双方高素质教师共同担任，三分之一以上课程由澳方教师全英文授课，语言课、核心专业课均采用全英文教材。

（4）成本较高。学院依据《中华人民共和国中外合作办学条例》的规定，以及重庆市有关部门规定标准，本着公益性原则，在学院财务处设立该项目财务专项，统一办理收支业务。尽管学院与澳方学校前期投入充足保障项目发展的资金支持，但学生仍需要承担每学年 13500 元的学费，在项目开展期间财务盈亏大致平衡。

3. 中澳项目实践成效

中澳项目作为学院国际合作办学的起点，填补了学院在较深层次国际交流合作的空白，使得学院在财会专业实力和国际化水平方面都有所提高，通过该合作办学项目，学院引进澳大利亚 TAFE 职业教育课程资源包、教学方法、人才培养模式和管理经验，其中澳方全英文课程 31 门，推动学院涉外会计专业建设和教师培养，提高人才培养质量，带动学院其他专业改革和发展，为学院国际合作办学走向纵深打下了良好基础。近 10 年来，该项目先后为中澳企业培养会计业务处理、税务管理、财务数据分析等技术人才近 400 人。

（二）校企合作阶段（CE2.0）——以中兴产业学院为例

自 2013 年习近平总书记创造性提出"一带一路"倡议后，许多专门针对职业教育国际合作的政策呈现"井喷"状态。在此阶段，学院主动抓住政策利好，寻求做实国际合作办学的校企合作、产教融合。

从整体来看，这一时期国家秉持"立足国内、放眼世界"的职业教育发展观念。在《现代职业教育体系建设规划（2014—2020 年）》等政策文件中明确提出要"建设开放型职业教育体系"，站在国家的高度上对职教国际合作提出了宏观要求，在积极通过与"联合国教科文组织、世界银行等国际组织和发达国家开展职业教育领域的合作与交流"开展合作引进优质职业教育资源的同时，鼓励骨干职业院校"走出去"，彰显我国职业教育的国际影响力。

国家层面加强了对职业院校国际合作办学的政策引导，我国企业也在产能发展、市场扩大的实践中逐渐深入地参与到职业教育国际合作中，为国家制造业转型升级和高质量发展提出了更高的技术技能人才要求。

通过前期产教融合的积累和职业教育国际合作办学的实践，重庆工程职业技术学院在持续开展国外优质职教资源"引进来"的同时，更加积极地探索联合企业"走出去"。2015 年，学院依托教育部—中兴通讯 ICT 行业创新基地，联合中兴通讯股份有限公司探索通信行业国际化人才培养模式。

1. 中兴产业学院基本情况

2015 年 10 月学院分别与中兴通讯和华晟经世签署协议共建教育部 ICT 行业创新基地和中兴产业学院，校企共同选择移动通信技术、云计算技术与应用相关专业或方向作为合作专业，三方以"共同投入、共同教学、共同管理、共同就业、共同收益"模式开展联合育人工作。校企共同建设功能完善的信息通信技术实践教学与科研平台，共同建设及运营，充分实现校企协同育人并依托校企合作单位海外员工资源开展零散招生。

2. 中兴产业学院基本模式特征

（1）共同投入。引入企业先进技术和平台，共同投资建设实践教学平台。学院和中兴通讯、华晟经世三方共同滚动投资，引入行业企业中兴通讯先进的技术和设备，打造与行业企业紧密同步的创新基地。在建成"教育部－中兴通讯 ICT 行业创新基地"的基础上，紧密跟踪通信行业前沿科技发展，校企根据区域经济发展需求及实际教学需要，对实训设备与平台系统进行定期更新，扩大实训基地规模，完善企业级实训平台功能，提高利用率，打造设备先进、功能完善和与时俱进的行业先进实训基地。

（2）共同管理。学院和中兴通讯授权合作的华晟经世联合成立产教融合新模式共建混合所有制二级学院"重庆工程职院中兴通讯信息学院"，该产业学院按照企业化管理方式运营。中兴通讯信息学院院长由学校信息工程学院院长兼任，负责中兴通讯信息学院全面工作；中兴通讯信息学院副院长由中兴通讯项目经理担任，是企业方在混合所有制方面办学的全权代表，负责管理合作学院日常工作和企业方师资的管理；校方专业团队负责人负责混合所有制学院的日常管理、制度建设、专业发展等。学校和企业作为办学主体，充分发挥各方的优势，激发企业真正参与办学的热情，共同完成教学、实训、职素教育、专业发展、就业服务和团队管理等管理工作。

（3）共同教学。参照行业企业岗位需求，共同制定人才培养方案和课程标准，专业设计和人才培养方案由校企共同研讨确定并每年更新，每届根据行业布局、企业发展和区域经济的要求，明确合作办学的人才培养规格、结构和需求，体现行业、企业需求导向下的实践技能人才培养改革。校企共同实施教学，引入企业课程、国际化课程、证书课程，同时由校企双方共同开发课程资源。企业派驻工程师到学院，校企共建混编师资队伍；在产业学院的教学实施方面，由中兴通讯授权三方公司派驻 10 名企业工程师到校负责实训为主的课程教学；同时，学院配备高学历、高素质师资团队负责理论为主的课程，双方共同完成顶岗实习和毕业设计。采用现代学徒制人才培养模式，整个学习过程大概有 1/2 至 2/3 的时间在学院学习，其他时间在企业进行实训或培训，在企业实训（培训）期间学生享受学徒工资，随着技能进步其工资待遇也逐步提高，使学生培养更具有社会性、实践性、专业性和操作性。

（4）共同就业。企业负责学生的顶岗实习安置和就业推荐。项目坚持企业在留学生招生、教育、管理、就业等一系列人才培养中的主导作用，在落实学生实习、就业方面，实行学院指导下由企业负责毕业生的实习安置和就业推荐。学生毕业后可拿到中兴通讯相关证书，部分学生可推荐到企业海外公司工作。

（5）共同收益。项目制定有利益分配、资产及设备管理等一系列制度规定校企双方的责任，使校企双方在合作过程中各自利益得到有效保障，如《中兴通讯信息学院校企利益分配制度 V1.0》《中兴通讯信息学院基地资产与设备管理制度 V1.0》《中兴通讯信息学院实训基地建设投入制度 V1.0》等制度明确双方责任和义务，保障该项目双方共同利益。

3. 中兴产业学院实践成效

学院与中兴通讯股份有限公司签订服务国家"一带一路"合作协议、开展海外技术人才联合培养项目以来，面向俄罗斯、乌兹别克斯坦、老挝、吉尔吉斯斯坦、孟加拉等国，培养移动通信技术国际化复合型技术人才，解决海外中资企业人力资源困境，服务国家"一带一路"建设。项目采用"共同投入、共同管理、共同教学、共同就业、共同收益、共同服务"的深度校企合作育人模式，开创西南首家具有混合所有制特征的校企深度合作产业学院雏形，为国家类型教育改革提供了深度可借鉴的范本，同时为学院之后深化国际合作办学内涵、创新提出国际合作 CEC 模式打下坚实基础。

（三）不足与瓶颈

2012 年以来，学院依托中外合作办学项目开展国际合作，积累了宝贵的实践经验，但由于校校合作、校企合作都难以打通职业教育发展的实际堵点——实现产教互通、职教互鉴，早期国际合作项目面临的一些切实的瓶颈问题摆在了学院面前。

1. 缺乏适用的国际合作平台

中澳项目为代表的早期合作，其合作平台集中在中外院校之间，缺乏国际企业深度参与，导致大部分合作项目前期效果较好，后续发展则走向疲软，难以和中外企业、行业人才需求充分对接。主要原因可归结于管理体制差异较大、企业参与不足两点。一是双方管理体制的问题。由于中西思维模式和行为方式上的差异，国际化合作办学中，中外双方在课程设置、课程建设、教学模式、教学组织实施、考核评价、科研水平、师资队伍建设等方面均存在较大的差异，中方要做到与外方学校同步的教学运行和管理体制往往很困难。二是项目过程缺少企业的参与，早期校校合作的形式和内容相对单一，没有企业参与人才培养全过程，培养的学生缺乏实践能力，到企业现场后，不能胜任工作，导致就业质量不高；有的项目虽然也有企业参与，但是企业没有作为主体地位，缺乏参与国际合作办学的积极性和主动性，企业的作用仅限于参与教学和提供部分实习实训便利，培养的学生竞争力仍有限。

2. 缺乏适宜的教育教学资源

合作资源大多为引进和自主开发课程资源，缺乏"课堂、教室、课程、教师"全方位资源供给。在校校、校企项目制合作阶段，联合开发的课程资源针对性较强、普适推广价值不高，如中澳会计班的相关课程资源在与其他国家院校的合作中由于各种标准的限制不能继续使用。另外，对学院教师进行国际化技能培训提升也多是由个别项目进行推进，整体缺乏系统性和计划性，不能根据不同类型、专业团队进行系统的语言、专业、综合能力培养，导致多数教学团队仍然无法适应国际化教学需求，造成优质教育教学资源的浪费。

3. 缺乏适需的人才培养方式

实际上，早期的校校合作办学中，人才培养方式主要为普适性培养，缺乏针对行业企业专业特殊性需求的人才培养实践。中外双方院校的融合度不够，如中澳项目大量课程要求完全保留澳方 TAFE 职业教育课程资源包及中英双语的教学方法等，都未能充分考虑专科学生的语言水平、思辨能力都较弱的生源事实，且项目专业的学费较高，虽然学院方面已经尽可能提供完备保障，但一般高职学生较难承担国际合作项目的经济要求和学习难度；而在学生就业方面，学生即使具备中澳双方会计专业规定的职业能力，但由于在培养过程中未能与相关企业达成需求协议，就业时仍然面临技术技能与企业期待有差距的尴尬局面。

4. 缺乏适切的绩效评价标准

国际合作项目绩效评价主要通过会议讨论形式决定，缺乏国际合作指标体系和评价标准。由于国家政策层面对职教国际合作办学仍然缺乏制度性约束，专门政策较少、法律保障更是还未起步，国际合作办学项目缺乏成熟有效的绩效评价标准。由学院和个别企业、外方院校开展的零散合作协议很难保持长期性、持续性的深度合作，项目合作的效果也难以保障，项目始终难以往深度进行优化、往长期进行改善。

综合前期实践的成果和瓶颈问题，学院在中兴产业学院基础上创造性提出了CEC（College & Enterprise & College）模式。

第 2 章　高职国际合作人才培养范例分析

高等教育国际化是经济全球化迅速发展的必然要求，开展国际交流与合作是实现高等教育国际化的重要途径[①]。作为高等教育的重要组成部分，高等职业教育也不例外。高职院校国际交流与合作，特指中国高职院校与外国教育机构或其他相关组织为实现各自目的，所共同开展的有关人员与学术交流、合作办学、职业培训、教学资源共享、留学生教育等系列双向开放活动[②]。需要说明的是，考虑到各高职院校质量年度报告中的"国际影响表"相关数据统计口径一致，较具规范性和典型性，本研究将高职院校国际交流与合作的主要形式分为来华留学生教育、在校生赴国外实习、专任教师国际化技术交流与培训、输出国际化专业教学标准和课程标准、境外办学等 5 种。通过对上述 5 种国际交流与合作的主要形式在 56 所中国特色高水平高职学校建设单位中的实践情况进行统计，发现来华留学生教育占比最高，境外办学的比例最小，详见表 2-1[③]。

表 2-1　56 所中国特色高水平高职学校建设单位开展国际交流与合作的主要形式

开展国际交流与合作的主要形式		开展相关业务的院校数	比例
来华留学生教育		40	71.4%
在校生赴国外实习		42	75%
专任教师国际化技术交流与培训	赴国外指导和开展培训	48	85.7%
	在国外组织担任职务	35	62.5%

---

① 张晓光. 高等教育国际化与国际交流与合作的良性发展[J]. 黑龙江高教研究，2005（7）：54-55.

② 梁林园. "一带一路"背景下陕西省高职院校国际交流合作发展策略研究[D]. 西安：西安建筑科技大学，2019：16-17.

③ 李丽坤. 高职院校国际交流与合作的实践特征与优化路径——基于 56 所中国特色高水平高职学校建设单位的调查[J]. 南宁职业技术学院学报，2021，29（6）：45-51.

续表

开展国际交流与合作的主要形式		开展相关业务的院校数	比例
输出国际化专业教学标准 和课程标准	教学标准	38	67.9%
	课程标准	36	64.3%
境外办学		26	46.4%

在本章节中，以全球化的视角审视各个地区职业教育国际合作范例，以国际合作模式的主体为分类标准将职业教育国际合作模式分为以政府为主导、以学校为主导、以协会为主导、以企业为主导、以园区为主导的五种国际合作模式。在每种模式下，将概述该范式的整体情况，阐述该模式的具体做法及优缺点。

2.1 政府主导模式

鲁班工坊案例分析

1. 案例概述

鲁班工坊是我国推出的职业教育培训品牌，由天津市原创，现已遍布亚、非、欧等地，成为我国职业教育输出的最具代表性的品牌。其以鲁班的"大国工匠"形象为依托，以"国家现代职业教育改革创新示范区"建设成果为总体支撑，在境外创建的实施学历教育和技术培训的合作机构。鲁班工坊将我国优秀的职业技术和职业文化与世界分享，搭建起天津职业教育与世界沟通的桥梁。大约 2500 年前，中国春秋时期的工匠鲁班因发明各种工具闻名于世。2500 年后，中国职业教育品牌鲁班工坊承载着新时代的中国工匠精神，为世界发展贡献东方智慧。其核心目标，是培养适应合作国经济社会发展急需的高素质技术技能人才[①]。鲁班工坊，是以中国职业教育领域的首个"国家职业教育改革试验区"、唯一的"国家职业教育改革创新示范区"以及示范区"升级版"，即国家现代职业教育改革创新示范区的"三区"十五年建设成果为总体支撑，以平等合作、优质优先、重能强技、

---

① 刘莉. 鲁班工坊简介. 鲁班工坊[DB/OL]. http://www.lubanworkshop.cn/html/2020/ppjs-lb_0821/158.html，2020-08-21/2022-01-08.

产教融合、因地制宜为建设原则，以中国职业教育领域的首个国家教学成果"特等奖"的核心内涵"工程实践创新项目（EPIP）"为教学模式，以中国教育部主导开发的国际化专业教学标准为基本依据，以全国职业院校技能大赛（国赛）优质赛项装备为主要载体，以师资培训先行及教材教学资源为必要保障①。2016 年，首个"鲁班工坊"在泰国揭牌成立，英国和吉布提鲁班工坊随后成立，标志着中国职业教育品牌系统化与世界共享，开启了在海外设立实体机构实施学历教育和技术培训的先河。鲁班工坊的初衷是服务"一带一路"，促进国际产能合作，为构建人类共享未来共同体服务。到目前为止，鲁班工坊已经成为中外文化交流领域的国际品牌建设项目。

2. 典型做法

（1）教学标准建设。鲁班工坊采用了以中国教育部为主导开发的国际化专业教学标准为教学依据。2012 年，教育部开始了职业教育国际化专业教学标准的研发。基于广泛的调研之上，整理了国际化行业、企业的核心技能要求，以坚持产业、行业、企业、职业、专业的"五业联动"产教融合机理，初步形成了国际化技能技术人才培养专业标准。随后，在天津市选取了 243 个试点班进行试验，培养技能人才，取得显著成效②。"截至 2020 年 3 月，已开设了 23 个国际化专业，涉及制造、铁道交通、商贸、餐饮等 11 大类，其中 10 个专业标准获得落地国家教育部门评估认证，纳入其国民教育体系，填补了相关体系的空白。"③

（2）教学模式建设。工程实践创新项目，在英语中简称为 EPIP，指教学模式。EPIP 是工程（Engineering）、实践（Practice）、创新（Innovation）和项目（Project）四个单词的首字母的缩写。以应用 EPIP 教育模式为核心内容的项目成果在中国职业教育领域获得了首次国家教育成果"特等奖"，成为中国职业教育的话语体系和

---

① 吕景泉，李力. 亚洲鲁班工坊项目建设、品牌创建及推广应用研究[J]. 职业教育研究，2021（10）：4-12.

② 吕景泉. 鲁班工坊溯源，国际品牌创成，内涵要义构建，发展策略研究——再论坚持鲁班工坊核心要义，完善建设标准，拓展办学内涵[J]. 天津职业院校联合学报，2021，23（09）：3-9.

③ 金永伟，杨延. 2020 年鲁班工坊建设与发展报告[M]. 天津：天津人民出版社，2020.

重要标志。2012 年，教育部开始了职业教育国际化专业教育标准的研发。在广泛调研的基础上，梳理国际化企业、行业化职位的核心技术技能，坚持产业、行业、企业、职业、专业的"五业联动"产业教育融合机制。在工程实践主导下确立人才培养目标，建立专业课程体系，初步形成符合国际化企业岗位需求、符合国际化技术技能人才培养要求的专业教育标准。EPIP 是指以实际工程为背景、以工程实践为导向、以能力培养为目标、以工程项目为统领的技术技能人才培养的教育模式，是我国职业教育理论创新成果具体化和实践改革经验体系化的体现。吕景泉和于兰平[1]认为，其突出了"工程化""实践性""创新型"和"项目式"的有机结合。具体来说则是 EPIP 教学模式强调了工程教学的真实化、产教融合工学结合的实践性、教学情境的创新性和教学项目的完整性。

（3）教学资源建设。如在教学资源开发建设中，天津职业大学探索了"将国赛理念、竞赛内容、考核方式融入日常教学，将现代生产流程、技术标准、服务规范引入实践教学，将生产过程和教学过程结合"的资源开发模式。适应比赛项目装备、教学训练的要求，基于工程实践导向、实际任务导向的教学资源（教材）建设而成。教学资源为技术积累提供了内容载体。截至 2019 年 10 月，中外专业教师一共开发了 71 门相关专业课程，出版 7 本教材，将要出版 81 本教材，完成课件 1056 个、题库 38 个、双语软件 28 个、动画 525 个[2]。

（4）教学装备建设。2008 年，首届全国职业大学技能大赛在天津开幕，截至 2021 年，每年举办一次的大赛共经历了 14 届。14 年来，不断探索完善的大会和活动举办机制，推进大会举办质量不断升级，组成国家职业教育改革试验区（示范区）联盟，建立京津冀协同发展产业对接平台，建立 EPIP 国际教育联盟，组织首届"鲁班工坊"与"产教融合"国际论坛，打造了"五业联动"高级讲堂、"安教乐道"现代职业教育之品、"我与大赛的故事""传承班墨文化"等优秀品牌。每年大赛，来自世界如美国、英国、加拿大、德国、日本、瑞士、西班牙、葡萄

① 吕景泉，于兰平. 工程实践创新项目（EPIP）的核心要义[J]. 天津职业院校联合学报，2021，23（06）：3-7.
② 金永伟，杨延. 2020 年鲁班工坊建设与发展报告[M]. 天津：天津人民出版社，2020.

牙等超 60 个国家的参赛代表、院校师生、主管部门代表、政府官员等亲临比赛现场，体验大赛的国际化氛围与成果。在大赛的设计与装备研发过程中，学校与企业联合组成的团队探索了产业与社会的需求。"面向教学改革实际，聚焦综合实训教学，融入行业企业标准，采纳国际通用技术，着眼大赛教学资源转化的开发模式；按照社会需求调研，实际应用分析，提炼专业技术，研发实训装备，开发教学资源，举办技能竞赛的六个步骤，实现了技能赛项设计、教学资源转化、赛事国际对接、文化传承体验一体化的系统承办组织方式。"①鲁班工坊的设备以全国职业院校技能大赛所选用的优秀教学装备为基础。比如首批创建的 8 个"鲁班工坊"的教学设备总投入 4975 万元，设备的台套数达到 2589 个，能够提供 1439 个实训工位，能够提供全方位的实习实训教学②。

（5）师资培训建设。师资建设先行是鲁班工坊的原创设计。在鲁班工坊项目建设中，充分利用合作国的"本土化"资源要素，实现"两依托、两进入、两服务"，依托合作国的本土化大学，依托合作国的本土化教师。进入合作国国民教育体系，进入合作国教育标准认定，服务合作国经济社会发展，服务合作国青年就业创业。鲁班工坊"EPIP 师资培训项目"的培训是鲁班工坊建设的基础性工程。所有鲁班工坊建设之初，都需要对合作国家的高校教学团队、管理团队进行系统化、先进的培训，掌握现代教育新理念、教学新模式、技术新应用，具备实际操作装备能力，掌握专业技术技能及其综合应用。③只有本土化的师资团队更好地掌握了我方的教育资源、教育模式、专业标准、设备装备等，鲁班工坊才能真正发挥出其独特作用。师资培训为鲁班工坊的技术积累提供了人力支持，其采取"引进来、走出去"的方式开展专业教师培训。《鲁班工坊解析》中关于师资培训有这

① 吕景泉．鲁班工坊溯源，国际品牌创成，内涵要义构建，发展策略研究——再论坚持鲁班工坊核心要义，完善建设标准，拓展办学内涵[J]．天津职业院校联合学报，2021，23（09）：3-9.
② 金永伟，杨延．2020 年鲁班工坊建设与发展报告[M]．天津：天津人民出版社，2020.
③ 吕景泉．鲁班工坊溯源，国际品牌创成，内涵要义构建，发展策略研究——再论坚持鲁班工坊核心要义，完善建设标准，拓展办学内涵[J]．天津职业院校联合学报，2021，23（09）：3-9.

样的表述："如果不这样做，实际上我方的精力和我方教师的能力，也不可能达到，所以，就要坚持"先"培训对方院校老师。我们理解，真正的分享与输出是在认同的基础上，他们掌握了这些能力，我们的目的也就达到了。这种模式是先进的、可行的，而且是高效的、长久的。关键问题，是要让外方的老师能够用我们的模式、我们的装备、我们的标准和我们的教材去教他们自己的学生。"① "截至 2020 年 3 月，鲁班工坊培训的外方专业教师为 363 人次，其中本土教师专业培训 245 人次，来华教师培训 118 人次。"②

3. 项目评析

鲁班工坊是中国职业教育在国际教育合作、世界产教融合领域开辟先河的大事件，是近代以来中国职业教育发展史上的里程碑。继 2016 年 3 月 8 日世界上第一个鲁班工坊在泰国落成以来，相继建成英国、印度、印度尼西亚、巴基斯坦、柬埔寨、葡萄牙、吉布提、肯尼亚、南非、马里、尼日利亚、埃及、科特迪瓦、乌干达、马达加斯加和埃塞俄比亚等 17 个国家 18 个鲁班工坊，其范围遍布亚洲、欧洲和非洲。其中在非洲已建成 11 个鲁班工坊，而亚洲 5 个国家的鲁班工坊涉及了中职、高职、应用本科和工程硕士，涵盖了机械、自动化、人工智能、新能源汽车、高速铁路等 16 个专业。2021 年 9 月，习近平主席提出未来三年将在上海合作组织国家建成 10 所鲁班工坊。鲁班工坊将会在未来继续发挥其将中国职业教育带到海外的重要作用③。鲁班工坊不仅在国际化技术技能人才的培养上发挥了重要作用，也使中国职业教育在国际舞台上在教学模式、教学方法、标准制定、师资培训、设备输出等方面有了更多的话语权与主导权，为职业教育国际化提供了良好的参考模板。

师资培训方面，目前鲁班工坊很大程度还是依赖专业老师对海外老师进行培训，而专业老师往往存在外语或中文教授能力较弱的情况，因此，如何培养出既

---

① 吕景泉. 鲁班工坊（LUBAN WORKSHOP）解析[M]. 北京：中国铁道出版社，2021.
② 金永伟，杨延. 2020 年鲁班工坊建设与发展报告[M]. 天津：天津人民出版社，2020.
③ 吕景泉，李力. 亚洲鲁班工坊项目建设、品牌创建及推广应用研究[J]. 职业教育研究，2021 （10）：4-12.

懂专业又有语言能力的培训老师是亟需解决的问题。组织结构方面，鲁班工坊最初由天津市组织发起，随着项目的推进，越来越多的相关部门不断加入，但始终缺乏一个国家级或更高层级的机构来统筹规划，实现资源共享，形成建设合力。同样，鲁班工坊的建设也缺乏规范性的统一标准，目前还是较高程度地依赖以往经验和建设院校、企业的各自力量，而没有一个权威的建设标准可以参考。未来可以从以上方面思考建设。

2.2　学校主导模式

当今世界正经历百年未有之大变局，但发展永远是时代主题，开放仍旧是时代主题。在教育领域，教育国际合作与交流是推动人类文明进步的重要力量，也是顺应世界融合发展的必然选择。中外合作办学和培养来华留学生是我国高等教育国际化的两个重要模式。

（一）中外合作办学

1. 概述

中外合作办学作为我国高等教育形式的重要补充，已在我国得到快速发展。中国的高等教育如何应对教育国际化趋势，是不容回避的问题[①]。改革开放以来，职业教育领域中外合作办学的类型和规模进一步扩大，通过中外合作办学，有助于引进国外优质教育资源、更新办学理念、提高办学水平和办学质量、培养国际化人才、推动我国经济社会发展。特别是 2003 年《中华人民共和国中外合作办学条例》实施以来，中外合作办学进入快速发展的新时期。办学规模逐步扩大，办学层次逐渐提高，办学模式日趋多样化，中外合作办学对我国教育改革与发展起到重要的促进作用[②]。

---

① 教育部.《中外合作办学评估方案（试行）》.
② 王骏，房兵. 高等职业教育中外合作办学的实践与探索[J]. 中国职业技术教育，2009（29），55.

"扩大开放，规范办学、依法管理、促进发展"是规范中外合作办学项目、提高中外合作办学项目质量的工作方针[①]。教育部对中外合作办学项目评估的主要内容中，在质量过程保障体系部分提到，重点评估其是否建立可行的教学质量过程保障体系。对于中外合作办学项目的管理，必须构建与其相适应的教学管理模式[②]。

2. 具体做法

（1）引进优质教育资源。

国际合作办学最主要的目的在于引进国际先进的专业课程，学习先进的教育技术和教学方法，培养适应经济社会发展需要的职业技术人才。由于种种原因，我国高等职业技术教育在专业设置、教学模式、教学内容以及教学方法等方面都与国际先进院校存在较大差距。而我国的经济社会发展要求高等职业技术教育培养的人才必须跟上行业的发展，和世界科技与经济发展要求相适应。这就要求高职院校通过合作办学等多种方式，引进优质教育资源，使专业课程和教学方法跟上国际科技发展的步伐。

（2）创新人才培养方案。

优化专业设置与课程设计。中外合作办学项目教学计划的制订本着引进外方优质教学资源、优质课程和先进教学理念，结合专业特点，融合中、外双方院校专业课程，开发国际课程。严格按照教育部规定的 4 个三分之一引进外方优质资源，中外双方共同制订教学计划和培养方案组织实施教学[③]。

完善课程方案。结合我国职业教育特点和国际产能需求和人才培养目标，完成课程内容的本地化，包括确定课程目标群体、需要增减或保留的教学内容、教学方案、师资配置及考核评价体系，中外双方合作院校持续共同修订、更新课程。

---

① 张莉. 高职院校中外合作办学项目教学管理模式的实践与思考[J]. 中国职业技术教育，2018（03），67.

② 白莉，张纯明. 论高等教育国际化背景下的中外合作办学[J]. 辽宁教育研究，2005（11），50.

③ 张莉. 高职院校中外合作办学项目教学管理模式的实践与思考[J]. 中国职业技术教育，2018（03），67.

体现中外合作办学的特色，能够真正引进外方优质课程。引入国际化的职业资格认证和技术等级认证，鼓励学生取得各种技术与资格证书，增强其技术能力和就业竞争力。逐步搭建中外合作办学项目课程资源平台，包括引入外方 VLE（网络虚拟）学习资源，共享各合作专业的影像课程样本，学生课业样本及教科书样本等。对于中外合作项目中引进的外方优质课程，建设开放共享课程资源平台共享给该专业师生，也包含普通专业师生。

（3）加强师资队伍建设。

建立稳定的教学团队。设置结构合理的教学团队，选派中外双方院校中外教学团队业务能力强的教师。任课教师应严格经过项目管理组织机构及相关专业教研室的考核后聘任。教学团队接受定期的教学质量评价和考核。中外合作项目专业带头人的遴选，一方面校内要有选拔机制去培养孕育，另一方面仍需要引进海归人才，也包含中外合作办学高级管理人才。

建立教师互访制度。中外院校通过选派教师互访、进修等形式，提高任课教师外语水平，能承担双语教学任务，形成中外结合，"本土－引智"结合的团队。

引进外籍教师，外方合作院校选派外籍优秀教师到合作办学机构任教。

（4）加强合作办学管理模式。

由于合作办学涉及学院很多部门，采取"项目负责人制"的管理方式，即一个项目指定一个项目负责人，负责与国外合作院校的联系与沟通及对院内各部门进行组织、协调。涉及不同系（部）的工作，由项目负责人负责，其他部门予以配合，并在项目实施过程中及时整理教学反馈并定期向双方院校反馈，组织教学方面的交流，确保教学质量。设立国际教育学院专门管理合作办学机构，将合作办学工作相对独立。学院成立合作办学管理委员会，由学院领导担任负责人，负责对中外合作办学项目的管理工作。落实项目日常管理制度，根据教学大纲安排相应的教学、教师、教材，定期与外方院校沟通，及时解决问题。

建立完善的教学质量监控监督体系，双方院校定期对项目情况进行检查及交流，保障教学质量。教学运行管理是围绕人才培养方案实施所进行的教学组织管理，必须建立并实施教学质量过程监控机制，对整个教学过程进行闭环管理。针对中外籍教师建立教师教学质量管理制度，采用听课及教学评估，规范并促进教学管理，保证与提高教学质量。定期组织项目考核评估小组对教师进行目标管理教学评估。同时注重教学过程管理，教师授课要留有记录，原版教材、教学大纲计划、学生作业的提交情况作为评估时量化指标，教材编写、带学生参加全国或世界技能大赛亦作为教学规范化考核量化指标。建立教师评学、学生评教制度，定期召开学生座谈会，广泛听取学生意见。合作院校项目主管定期来学院访问，通过听课、师生座谈、抽查试卷和考核成绩等方式，考察项目合作成效，也作为教师教学质量评定的参考[①]。

（5）加强中外人文交流。

中外人文交流是党和国家对外工作的重要组成部分，是夯实中外关系社会民意基础、提高我国对外开放水平的重要途径[②]。中外人文交流是以和平的方式，推动各国文明和文化之间的相互理解与共同繁荣。人文交流和战略互信、经贸合作已经成为中国对外关系发展的三大支柱，通过中外人文交流加强和改进中外国际关系[③]。中外合作办学作为一种合作方式，中外双方院校定期组织和赞助中方院校和外方院校师生间的学术和文化交流，组织跨文化交流或学术活动，促进中外人文交流。

3. 项目评析

中外合作办学是我国高等教育国际化的重要表现，是我国高等教育的重要补充形式。目前，中外合作办学在我国已是常见的职业教育国际合作模式，1994 年以来，由省（自治区、直辖市）人民政府审批批准的高职中外合作办学机构和项目共 962 个，其中有 51 个机构和项目已终止办学、停止招生或并入其他学校。现有的中外合作办学机构或项目总数为 911 个，其中中外合作办学机构 37 个（约占 4.0%），中外合作办学项目 872 个（约占 96.0%），中国内地同港澳台地区仅有合

---

① 张莉. 高职院校中外合作办学项目教学管理模式的实践与思考[J]. 中国职业技术教育，2018（03），67.
② 《关于加强和改进中外人文交流工作的若干意见》.
③ 张蒙蒙. 中外人文交流背景下高职创新型外语人才培养研究[J]. 海外英语，2021（10），222-223.

作办学机构 1 个，项目 1 个。现有机构和项目中，2010 年以前审批 316 个，2010 年以后审批 595 个。

东部地区省（自治区、直辖市）共有中外合作办学机构 27 个（占全部机构的 71.1%），中外合作办学项目 557 个（占全部项目的 63.8%）。东部地区除海南省没有中外合作办学机构外，其余省（自治区、直辖市）均有中外合作办学机构和项目。中部地区合作办学机构为 5 个，西部地区的中外合作办学机构为 6 个；中部地区的中外合作办学项目为 187 个，西部地区的中外合作办学项目为 129 个。其中，西藏、青海、宁夏西部三省（区）则没有中外合作办学机构和项目。我国"一带一路"沿线 18 个省（自治区、直辖市）共有中外合作办学机构 15 个，占全部合作办学机构的 39.5%，中外合作办学项目 290 个，占比 33.2%。

我国高职中外合作办学机构和项目的合作方来自 28 个国家和地区，开展合作办学数量位于前十的国家分别是澳大利亚 207 个、加拿大 142 个、美国 126 个、英国 116 个、韩国 77 个、德国 47 个、新西兰 31 个、俄罗斯 23 个、日本 23 个、新加坡 21 个。这些国家同中国开展合作办学机构或项目总数为 813 个，占全部中外合作办学机构和项目总数的 89.2%；中国内地同港澳台地区合办的机构和项目仅有 13 个。目前中外合作办学的外方国家中，"一带一路"沿线国家有 8 个，合作办学机构和项目数共 65 个，占全部机构和项目的 7.1%，较 2015 年约增加了 2 倍。

高职层面的中外合作办学机构和项目一般颁发合作双方的证书，中方院校颁发专科毕业证书。外方院校根据不同国家的情况存在一定差异，一些外方机构颁发文凭，包括一般专科毕业文凭、高级文凭、副学士学位；一些外方机构仅颁发证书，包括职业资格证书、课程结业证书、写实性证书、学习证明等；也有一些外方机构不颁发任何证书和文凭。目前中外合作举办的 911 个机构和项目中，有 723 个颁发外方证书，其中，颁发各类文凭的合作办学机构和项目 535 个，仅有 188 个颁发外方证书及学习证明。

高职中外合作办学机构和项目开设的专业十分广泛，教育部 2015 年发布的《普通高等学校高等职业教育（专科）专业目录》将合作办学项目按照目录中的

19 个专业大类进行分类统计，不同专业大类领域开展的高职中外合作办学项目共 1008 个（含中外合作办学机构中的项目），其中排在前十位的专业大类分别为：财经商贸大类 314 个，装备制造大类 108 个，电子信息大类 113 个，旅游大类 92 个，文化艺术大类 59 个，土木建筑大类 55 个，教育与体育大类 51 个，医药卫生大类 46 个，交通运输大类 44 个，能源动力与材料大类 25 个。

（二）来华留学生培养

1. 概述

来华留学生教育是现阶段高职院校向外国输出教育资源的重要形式，表 2-2 为 56 所中国特色高水平高职学校建设单位开展来华留学生教育的调查情况，统计数据反映，来华留学生教育规模较小，留学生人数在 300 人以上的院校仅有 2 所。此外，调查院校的质量年度报告显示两个方面的主要信息：第一，来华留学生人数超过 300 人的无锡职业技术学院和江苏农牧科技职业学院均位于经济发展水平较高的江苏省；第二，来华留学生人数较多的高职院校主要集中在江苏（共 1682 人）、浙江（共 707 人）、广东（共 337 人）、山东（共 234 人）等沿海省份。其中，江苏高职院校的来华留学生主要来自孟加拉、老挝、缅甸、泰国、哈萨克斯坦、马来西亚等亚洲国家，浙江高职院校的来华留学生的生源国则主要是卢旺达、喀麦隆、贝宁、乍得、科特迪瓦、布基纳法索、肯尼亚等非洲国家[1]。来华留学生多来自于"一带一路"沿线国家。2013 年，中国国家主席习近平首次提出"一带一路"倡议，并将其列为政治经济发展的重要政策。"一带"指贯穿中国、途经中亚并延伸至东欧的陆地通道，"一路"指连接中国、东南亚、非洲以及中东各个港口的海上通道。"一带一路"倡议是一项创新举措，沿线 69 个国家占全球总人口的 62%，全球 GDP 的 31%，全球贸易额的 33%。"一带一路"倡议为中国及沿线国家企业创造了无限机遇，涵盖大规模基础设施发展、工业设施建设、跨境投资、货币政策与双边关系协调，以及文化交流等诸多领域，"一带一路"倡议表现了中

---

[1] 李丽坤. 高职院校国际交流与合作的实践特征与优化路径——基于 56 所中国特色高水平高职学校建设单位的调查[J]. 南宁职业技术学院学报，2021，29（06），45-51.

国坚持扩大对外开放的信心和决心。2016 年，教育部发布《推进共建"一带一路"教育行动》政策文件，中国教育对外开放翻开了新篇章，教育在共建"一带一路"中具有基础性和先导性作用，"一带一路"是中国教育对外开放的顶层设计，是中国教育走向世界舞台的路线图，是在更多层次、更大范围、更广领域推进教育国际合作与交流的重要抓手[①]。

表 2-2　56 所中国特色高水平高职学校建设单位开展来华留学生教育的情况

来华留学生数	院校数	比例
0	16	28.6%
0～50 人	23	41.1%
51～100 人	4	7.1%
101～200 人	5	8.9%
201～300 人	6	10.7%
300 人以上	2	3.6%
合计	56	100%

2. 具体做法

（1）搭建来华留学生教育平台。建设课程资源平台库，建设结构化课程资源库，为来华留学生"个性化"汉语学习和专业学习提供课程资源保障，鼓励其自主学习。搭建交互式学习平台，为来华留学生分享课程资源，为师生互动提供互动和交流，有效提高学生学习效率和教师教学质量。

在疫情常态化的形势下，来华留学生持续减少，滞留境外的留学生数量持续增多，为保障教学质量，各职业院校可基于建构主义理论，运用 Google 课堂、Skype 等平台进行线上教学，将任务驱动教学法、情景教学法、翻转课堂教学法有机融合，以"一库一平台"的课程平台库为载体，结合来华留学生的自主学习、互动性强等学习特点，探索建立了稳定的线上留学生教学模式。

（2）健全人才培养方案。各职业院校结合自身学院特点、专业优势，制定完

---

① 中国教育国际交流协会."一带一路"教育国际交流优秀案例选集[M]. 上海：复旦大学出版社，2021.

善的来华留学生人才培养方案，提高来华留学生培养质量。来华留学生培养方案应包含培养目标、课程体系、教学计划、实践教学等内容，满足相应专业的教育教学标准和规范的要求，符合来华留学生的人才培养目标，适应来华留学生的学习特点①。

组建专业教师团队，教师具备能胜任教师岗位的教学资质、专业水平、外语能力和跨文化能力，设立教学实践基地开展教学活动，定期举办教学研讨会，提升教学质量。

考虑到来华留学生的语言问题，学校的对外汉语培训中心应建立一支有丰富教学经验和深厚专业积累的汉语师资队伍，负责来华留学生的汉语语言教学和中国文化教学②，依托当地政府人才政策引进知名海外高校和全国"双一流"高校的对外汉语专业，引进有丰富海外对外汉语教学经验的汉语教师，储备和培养国际汉语师资人才。

（3）建立健全留学生管理机制。按照教育部《来华留学生高等教育质量规范（试行）》，将其作为开展来华留学教育的全国统一的基本准则，改进来华留学教育工作，提高教育质量和管理服务水平③。各院校应以我国基本国情为基础，结合外国留学生特点，制定完善的来华留学的各类管理规则，严格规范执行。制定法规和校纪校规，规范留学生的行为，要符合我国的法律及所在学校的校规。学籍管理细则明文规定留学生的考勤、休学、转学、请假、奖励及处分等④。

设立国际教育学院是负责管理来华留学生，实施归口管理，统筹协调全校来华留学生教育管理和服务工作。管理来华留学生学籍学历、考勤、考试考核，组织来华留学生参与教学评价⑤。

3. 项目成效

《高职院校来华留学教育发展现状调研问卷》于 2018 年开展，涉及全国 28

① 《来华留学生高等教育质量规范（试行）》.
② 舒婧. 来华留学生教育现状及对策研究[J]. 湖北开放职业学院学报，2021，34（21），44.
③ 《来华留学生高等教育质量规范（试行）》.
④ 舒婧. 来华留学生教育现状及对策研究[J]. 湖北开放职业学院学报，2021，34（21），45.
⑤ 《来华留学生高等教育质量规范（试行）》.

个省（直辖市、自治区），覆盖全国大部分地区，仅有青海省、上海市、西藏自治区及香港、澳门、台湾地区未参与调查。调查采取方便抽样的原则，基于网络平台共发放问卷 670 份，收回有效问卷 624 份，有效回收率为 93.13%。在地区划分方面，43% 为东部高职院校，34% 为中部高职院校，23% 为西部高职院校。2018年被调查高职高专院校接纳了 1860 名学历留学生，平均每所院校有 3 名学历留学生，最多的院校共有 118 名（与 2017 年比较同比增加 10.75%），接纳非学历留学生共 4714 名（与 2017 年比较同比增加 17.34%）。在学校性质类别方面，理工院校占比最高，为 46.63%；其次为综合院校，占 28.12%；医药院校、师范院校、农业院校、艺术院校、政法院校、体育院校、语文院校、林业院校、民族院校 9 类院校合计占比 25.25%。在举办者性质方面，地级教育部门和地级其他部门占比最高，为 31.97%；其次为省级其他部门，占 26.92%；省级教育部门为 20.88%；民办类型为 16.48%；占比较低的县级教育部门、县级其他部门和地方企业，合计为 3.75%。在院校办学层次方面，所调研的院校中，示范高职有 67 所、骨干高职有 56 所，分别占被调查学校总数的 10.74% 和 8.97%；其余大部分为一般高职，占 80.29%[①]。

2018 年被调查高职高专院校共接纳了 1860 名学历留学生，占高职层次来华留学生总数的 28.3%，平均每所院校有 3 名学历留学生，最多的院校共有 118 名。非学历留学生总共有 4714 名，平均每所院校有 7.6 名非学历留学生，最多的院校有 221 名[②]。

（三）评析

以学校为主导的两种职业教育国际合作模式，主要为中外合作办学模式和培养来华留学生模式，是我国职业教育国际化的重要表现，是我国职业教育对外开

---

① 张海宁. 我国高职院校来华留学教育发展现状及提升策略——基于 624 所高职院校的调研 [J]. 职业技术教育，2020，41（32），13-17.

② 张海宁. 我国高职院校来华留学教育发展现状及提升策略——基于 624 所高职院校的调研 [J]. 职业技术教育，2020，41（32），13-17.

放、应对发展和开放这一时代主题的重要举措，是推动人类文明进步的重要力量，也是顺应世界融合发展的必然选择。目前，我国多个省市、多所职业院校已与外方院校共同开展中外合作办学项目，接收来华留学生、开展来华留学生培养项目。

以学校为主导的国际合作模式虽已是我国高等教育常见的职业教育国际合作模式，但仍存在缺点，这种模式缺乏企业的参与。有学者认为，企业参与到职业教育能提高职业教育整体水平，适应整体社会发展需要，增强学生的信心和能力，也为企业的发展提供长期有效的技能型人才补给[①]。以学校为主导的职业教育国际合作模式，因缺乏企业的参与，在关注企业职业方向，以行业、企业的需求为导向进行技能型人才培养实践上存在困难；难以实现产业与专业对口、企业和学校对接、职业标准与课程标准结合、生产过程与教学过程结合[②]。

2.3 协会主导模式

中国－赞比亚职业技术学院案例分析

1. 案例概述

2015 年底，在中国有色金属工业协会的积极倡导和中国教育部的大力支持下，联合国内 8 所合作院校（北京工业职业技术学院、吉林电子信息职业技术学院、哈尔滨职业技术学院、南京工业职业技术学院、湖南有色金属职业技术学院、广东建设职业技术学院、陕西工业职业技术学院和白银矿冶职业技术学院）和在赞比亚的企业开展了我国第一个职业教育"走出去"试点项目——中国－赞比亚职业技术学院（以下简称"中赞职院"）。中赞职院是聚集中高职学历教育、职业与技能培训、工业汉语教学开发和中文推广于一体的教育培训机构。中赞职院下设自动化与信息技术分院、机电一体化分院、装备制造分院、机械制造与自动化

---

① Dealtry Richard. Managing the corporate university learning curve [J]. Journal of Workplace learning, 2002, 14(2), 76-81.
② 陈年友，周常青，吴祝平. 产教融合的内涵与实现途径[J]. 中国高校科技，2014（8），40-42.

分院、采矿技术分院和建筑工程分院 6 个二级学院，现有教职员工超过 50 人，其中专职教师 34 人，各类在校生近 400 人。珠宝分院、冶金分院、汽车工程分院、旅游分院、新能源工程分院正在筹建过程中。

2. 典型做法

（1）团队建设及设备投入。在中赞职院筹备阶段对将赴赞的多位教师进行语言、技术等方面的培训。比如来自国内四所院校的十余位教师参加了在山东奥太电气有限公司举办的关于设备安装与维护的培训班，其内容包括焊接、电工、群控、计算机等[①]。我国多个试点院校教师共同组建了校企一体的跨校专业教学团队，以团队的方式进行授课。中赞职院在当地进行教师招聘，聘用教师得到来中国进行培训的机会，对中国职业教育的教学方法、模式、资源、设备等有了更深的了解。以上举措为中赞职院的师资力量奠定了扎实基础。来自各个学院的通过捐赠或投入方式筹备到的教学仪器和实训设备运输到赞比亚，经过培训的教师们对设备进行了安装调试。

（2）教学资源及专业教学标准制定。教学资源对于学院的建设起到重要作用，其内容包括课件、教材、图片、视频等。跨文化教学资源必须考察不同的文化背景，其学员的知识水平，实践能力等，突出重点，生动形象，清晰易懂，作为学员学习的重要依据[②]。试点院校整合教育资源、多方协调配合，完成了多种教学资源的编写及审定工作。丰富的教学资源可以满足在赞学生和老师的教学需要，为学生的自主学习提供系统的指导。专业教学标准是组织教育教学、规范教学管理、开发制定教材和加强专业建设的重要准绳。对于专业教学标准的制定，既要符合理论知识，又要紧跟行业、企业和岗位需要[③]。特别是中赞职院的专业教学标准更要充分考虑和对接赞比亚和中国双方的行业实际情况及社会需求。

---

① 侯洋. 我国高职教育国际化实践研究[D]. 外交学院，2020. DOI:10.27373/d.cnki.gwjxc. 2020.000173.
② 朱艳丽. "一带一路"战略背景下职业院校赞比亚国际培训课程开发的研究与实践[J]. 科技资讯，2019，17（18）：163-164.
③ 任雪娇，张文亭. 赞比亚职业教育机械制造与自动化专业课程建设[J]. 内燃机与配件，2020（15）：249-250. DOI:10.19475/j.cnki.issn1674-957x.2020.15.111.

（3）"政行企校"协同举办。该项目由政府、行业协会、院校联盟和企业四方共同举办：政府层面通过顶层设计构建平台、出台法规政策，提供充分制度保障体系；有色金属工业协会作为试点工作牵头单位，通过加强调研和软硬件多方协调，做好试点方案的实施；有色集团充分利用企业资源，协同高职院校为当地中资企业员工和赞比亚社会开展职业培训和学历教育；多所高职院校配合企业走出去，办好中赞职业技术学院，承担企业培训，输出教学标准等[①]。

（4）董事会议的运行机制。中赞职院实行校企海外混合所有制办学模式，采取学校董事会领导下的校长负责制。董事会由中国有色矿业集团、中国有色金属工业协会、院校等单位组成，各方共同把握中赞职院发展方向，决定重大问题，监督重大决议执行，支持校长依法独立负责地行使职权，保证以人才培养为中心的各项任务完成。为进一步为我国职业教育"走出去"探索路径、打造模式、建立标准，提升职业教育服务国家战略的能力，学校出台了《中赞职院董事会章程》《中赞职院章程》《中赞职院教学组织与管理规范》等管理制度，对我国职业院校"走出去"境外办学具有很强的参考价值。

3. 项目评析

2019 年 3 月赞比亚共和国职业教育与培训管理局（TEVETA）正式批准了由中国校企联合（中国有色矿业集团联合北京工业职业技术学院、湖南有色金属职业技术学院等五所高职院校共同研究）制定的职业教育五大专业人才培养方案及其专业课程标准。自动化与信息技术、机电一体化、机械制造与自动化、机电设备维护与管理、金属与非金属科学技术五个专业获得批准允许在赞比亚设立。这标志着中国职业标准正式进入赞比亚，服务赞比亚职业教育[②]。各方的共同努力下，中赞职院在教学设备设施购置、教师派遣及专业认证、课程开发、标准设计、教学资源库建设等方面取得了积极进展和标志性成果。中赞职院探索形成了校企合

---

① 中国教育国际交流协会. "一带一路"教育国际交流优秀案例选集[M]. 上海：复旦大学出版社，2021:298-307.
② 周燕，等. 赞比亚国民教育体系采纳中国职业教育方案成为其国家标准的实践与研究[J]. 教育现代化，2020，7（21）：177-178+184.

作境外办学模式，创新了职业教育中外人文交流模式，创新了职业教育教学改革路径，提供了职业教育境外办学理论参考。

然而中赞职院也存在一些不足：比如，以协会为主导的举办形式，如果想要在资源和政策上有所受惠，还需争取到政府和相关部门的支持。因此，除了将协会本身做大做优，赢得更多话语权之外，还需紧跟政策甚至具有一定程度的前瞻性，发挥协会在企业和院校之间的协调作用，使各方在政府部门的领导和支持下发挥各自所长。"官方"与"民间"相配合形式才有可能集各自之所需而使力量最大化。

2.4　园区主导模式

江苏园区主导国际化案例分析

1. 案例概述

在 100 所国家示范性（骨干）高职院校中，作为教育大省的江苏占 15 所。此外，江苏省有 9 所省级示范性高职院校和 11 所省级示范性高职院校建设单位[①]。2017 年江苏省人民政府办公厅印发的《江苏高等职业教育创新发展卓越计划》指出，要依托高水平职业院校、骨干专业，探索中外合作办学新模式，重点建设 50 个高水平示范性中外合作办学专业和一批优质课程。开展技术技能人才培养中外合作课程改革试点，着力引进国际先进职业标准、专业课程、教材体系和数字化教育资源，推动专业核心课程与国际通用职业资格证书相衔接。加强师资交流、学生交换、学分互认，支持师生海外学习、实习和工作。

2. 典型做法

（1）顶层设计，全面规划。从国家层面来说，产业园的设计是基于职业教育服务国家区域发展的需求。孙春兰副总理在国务院职业教育工作部际联席会

---

① 赵培. 新时代江苏职业教育国际化项目研究[J]. 河北职业教育，2020，4（04）：13-15.

议上提出，鼓励地方试点试验，在东中西部选择若干个省和地级市先行先试，总结出一批可复制、可推广的经验。同时，园区建设也是教育部与江苏省学习习近平总书记关于教育改革和长三角一体化发展重要论述的具体行动，是深化职业教育综合改革、落实《国家职业教育改革实施方案》的重要举措，也是职业教育服务国家区域发展战略的主动作为。另外，园区建设也是积极促进江苏产业链、人才链深度融合和优化升级，对推动长三角一体化、高质量发展都具有重要而深远的意义①。

（2）部省共建，整体推进。江苏省建立了部省共推机制，双方共建领导小组，实施统一领导，统筹推进，加强沟通，协调与重点突破，按照任务分工倒排工期，建立工作台账制度，实施定目标、定任务、定人员、定时间、定奖惩的"五定"举措。

（3）产教融合，继续深化。产业园式产教融合指高校与企业合作兴办科技产业园，企业在经费、设施及实践反馈上对高校科研创新给予支持，促使高校科研成果与企业生产力之间的转化。作为我国目前公认的产教融合的四种模式（校企联合订单培养式、"三明治"式、产业园式、"双元制"式）之一，产业园式发挥着举足轻重的独特作用②。江苏省构建院校与地方企业合作办学，共同发展新方式，统筹规划职业院校在地方企业工业园区建立新校区，全省设立九个市级职教园区。如江苏既有苏州工业园区职业技术学院等一大批股份制民办职业技术学院，也有在公办职业院校组建股份制的大学科技园。如江苏经贸职业技术学院成立股份制的大学科技园，主要面向国际商务、服务外包等现代服务业，培育熟悉国际商务规则的技术技能型人才；江苏海事职业技术学院成立股份制的大学科技园，主动服务于国家海洋强国、江苏沿海开发等建设，培育国际航运专门人才。有的职业院校组建了股份制、混合所有制的生产性实训基地，如江苏溧阳市天目湖中等专业学校和溧阳宏达电梯培训有限公司股份合作，共建电梯技能型人才联合培养培

---

① 王新国，冯志军. 打造职业教育高质量发展的全国样板[J]. 群众，2021（10）：31-32.
② 黄婷，戴国伟，李犇. "一带一路"视阈下产教融合创新国际化人才培养论析[J]. 武汉理工大学学报（社会科学版），2021，34（05）：115-120.

训基地，共同培养符合新时期要求的电梯专业技术技能型人才[①]。

3．项目评析

2011 年以来，江苏省教育体制改革领导小组先后批准建立了两批 19 个省职业教育创新发展实验区，覆盖了 5 个省辖市和 14 个县级市（区）。全省 13 个设区市中，已有 9 个设区市建有职教园区，80 多所中高职院校入驻，超过 60% 的县级职教中心搬迁新建到产业园区、开发区或高新区。遴选一批产教融合先锋学校，在中等职业教育实施"领航计划"，创建 50 所一流中等职业学校，在高等职业教育实施"卓越计划"，创建 20 所左右高水平高等职业院校[②]。截至 2018 年已有近 80% 的院校重新规划建设和设立分校区，有近 60% 的县级中职学校进入产业园区，创新了职业院校与地方产业园共同发展、协调发展、合作发展的模式。

然而当前以园区为主导的形式还存在一些不足：比如园区普遍比较分散，规模较小，各自为阵，园区之间缺少资源的整体布局与整合。因此，需要政府及相关部门制定相应政策，帮助园区群体化、整体化从而让原本各自单打独斗的园区形成一个有力量的园区群，在职业教育国际化的道路上发挥更大的作用。

2.5　企业主导模式

（一）华为 ICT 学院

1．概述

华为 ICT 学院（华为信息与网络技术学院）是华为通过与全球的院校开展合作，提供华为 ICT 技术培训，鼓励学生获得华为认证，为 ICT 行业和社区培养行业所需的创新型、工程型、应用型人才，具有实践技能的人才。华为于 2013 年启

---

① 林少群．抓"一带一路"倡议机遇　助江苏职教转型发展[J]．中国职业技术教育，2018（13）：66-68.

② 王俊岭，王新国．省域职业教育与产业深度融合的途径、机制研究——基于若干省份的调研与江苏实践[J]．中国职业技术教育，2021（19）：65-70.

动华为 ICT 学院校企合作项目，经过华为公司严格评估、接受华为公司监督和管理，向通过授权的院校提供华为培训项目、课程内容和配套服务，帮助高校进行师资培训、建立和完善 ICT（Information Communication Technology）相关专业、完善课程体系、建设标准实验室；为社会及 ICT 产业链培养创新型和应用型技术人才，向全球在校大学生传递华为领先的 ICT 技术与产品知识，鼓励学生参加华为认证，为当地持续培育满足未来需要的 ICT 人才，建立良性可持续的人才生态。华为持续将产业最新的技术、案例、实践，转化为课程与教学内容，帮助高校和教师刷新知识体系，以培养更适合产业需求的人才。

2. 具体做法

（1）校企合作。为合作高校提供教学实验设备，提升学生实践水平；引入华为的企业文化及训战结合内训模式，结合专业建设国家标准，根据"以岗定学、工学结合"的方针，围绕"以训促战，以战促训，训战结合"的企业理念，与学校的人才培养体系相融合，校企协商共同制定人才培养方案。

强调课程与岗位的对接、认证与教学的对接，在满足专业建设需求的同时，服务于 ICT 新兴产业，形成"场景化、标准化和案例化"的人才培养模式，推进专业建设、教学内容与教学方法与 ICT 产业对接。

引入华为先进的 ICT 技术，结合人才培养定位和行业岗位能力需求，校企合作共建专业实践课程、实验实践场所。已建实验室：路由与交换综合实验室、存储与云计算综合实验室；在建实验室：互联网技术开放实验室。

服务计算机科学与技术、软件工程、信息管理与信息系统等专业建设。

（2）培训师资。组织教师培训，培训课程涵盖数通、安全、云计算、大数据、人工智能、存储、5G 等华为认证新技术方向。华为认证专家通过理论讲解和实验演示，协助在校教师获得 ICT 前沿技术，培养 ICT 工程实践能力，助力教学质量提升和人才培养。

组织教师参与华为 ICT 培训课程并获得华为认证，设立教育基金奖励优秀教师。

定期举办教师研讨会，企业与学校共同探讨如何更好开展校企合作协同育人，共同探讨专业建设、师资培养、实验室建设、华为认证等方面的合作。

（3）以赛促学、以赛促发展。每年定期举办华为 ICT 大赛，为学生提供国际交流机会和全球性的展示平台，打造国际化竞技与交流的平台。通过大赛将政府组织、高等教育机构、高等院校、培训机构、行业企业等连接在一起，共同促进高校 ICT 人才的教育、成长及就业。华为作为大赛举办方为参赛选手提供免费线上课程和学习资料，帮助其免费在线学习、交流、备赛，促进公平优质教育，普及数字技能。同时，大赛中涌现出一大批创新创意作品，反映了 ICT 技术在农业、医疗、消防等工作、生活中的应用，充分体现了以赛促学、以赛促发展。

（4）搭建企业与院校毕业生之间的桥梁。联合合作伙伴举办人才双选会，帮助学生就业，精准匹配人才资源供给和产业需求，促进人才供需高效匹配。人才联盟双选会将人才生态与产业生态有机结合、实现 ICT 人才供需对接。

3. 项目成效

截至 2020 年底，华为与全球 90 余个国家的 1500 余所大学院校开展校企合作，成立了华为 ICT 学院，提供教材开发、师资培养、实验室建设和学生认证等服务，年培养学生近 60000 余名。截至 2020 年底，华为认证 ICT 人才累计超过 40 万人，华为通过与全球 100 多家培训合作伙伴的合作，在全球范围内提供 ICT 培训与人才认证服务。预计到 2024 年，累计将为产业输送超过 100 万名 ICT 认证人才。

2020 年，华为正式发布"华为 ICT 学院 2.0"计划，旨在通过与全球高校合作，未来 5 年培养 200 万 ICT 人才，普及数字技能，推动 ICT 人才生态建设，最终驱动 ICT 产业繁荣发展，同时践行"TECH4ALL"数字包容行动计划，让数字技术惠及每个人、每个家庭、每个组织。华为还设立华为 ICT 学院发展激励基金，五年累计投入不低于 5000 万美元。

（二）施耐德"碧波计划"

1. 项目概述

《意见》[①]中明确指出两条具体的现代化职业教育发展新路径，一是协同推进

---

① 中共中央办公厅、国务院办公厅《关于推动现代职业教育高质量发展的意见》[EB-OL]. http://www.gov.cn/zhengce/2021-10/12/content_5642120.htm，2012-10-12.

产教深度融合。各级政府要统筹职业教育和人力资源开发的规模、结构和层次，将产教融合列入经济社会发展规划。以城市为节点、行业为支点、企业为重点，建设一批产教融合试点城市，打造一批引领产教融合的标杆行业，培育一批行业领先的产教融合型企业。积极培育市场导向、供需匹配、服务精准、运作规范的产教融合服务组织。分级分类编制发布产业结构动态调整报告、行业人才就业状况和需求预测报告。二是优化校企合作政策环境。各地要把促进企业参与校企合作、培养技术技能人才作为产业发展规划、产业激励政策、乡村振兴规划制定的重要内容，对产教融合型企业给予"金融+财政+土地+信用"组合式激励，按规定落实相关税费政策。工业和信息化部门要把企业参与校企合作的情况，作为各类示范企业评选的重要参考。教育、人力资源社会保障部门要把校企合作成效作为评价职业学校办学质量的重要内容。国有资产监督管理机构要支持企业参与和举办职业教育。鼓励金融机构依法依规为校企合作提供相关信贷和融资支持，鼓励保险公司对现代学徒制、企业新型学徒制保险专门确定费率。职业学校通过校企合作、技术服务、社会培训、自办企业等所得收入，可按一定比例作为绩效工资来源。校企合作作为职业教育的重要性，在《意见》明确了，要创新校企合作办学机制，丰富职业学校办学形态，拓展校企合作形式内容，优化校企合作政策环境。中国高等教育学会职业教育分会理事长周建松曾撰文指出，"实践证明，产教融合校企合作是培养应用型职业化技术技能人才的必要条件和必由之路。"[1]

碧波计划是法国施耐德电气（中国）有限公司（以下简称施耐德电气）在全球开展的意将最安全、最清洁的能源提供给社会最需要帮助的人民，同时用电气相关教育培训来帮助贫困青年掌握专业技能，开启人生的一项创新且可持续发展的公益计划。"碧波（BipBop）"的含义里包含了施耐德电气开展公益项目的根本理念，即应用自身的业务专长，用创新性的解决方案和项目模式帮助金字塔底层人群。自 2009 年起，碧波计划在中国先后实施了农民工子弟职校资助项目、大学生公益奖学金项目、无电村新能源援助项目和乡村电工培训项目。通过这些项

---

[1] 周建松. 正确把握现代职业教育体系建设的基本点[M]. 人民政协报，2021-10-13.

目的实施，施耐德希望为中国无电地区的家庭带来光明，为贫困青少年带来学习和就业的希望。

2. 具体做法

（1）校企合作，产教融合。该项目依托多地的政府、中国青少年发展基金会、中华环境保护基金会、中国人民对外友好协会合作等机构，依托施耐德电气在职业教育领域丰厚的经验，借鉴法国在现代职业教育、丰富的经验，如以需求为导向，转变职业教育发展模式；以证书为评定标准，建立职业教育质量保障体系等。作为最本土化的全球企业之一，施耐德电气将自身在法国和其他地区历史悠久的职业教育经验引入中国。通过自动化、数字化技术，有力推动合作相关方产业转型升级，加快转变经济发展方式和新旧动能转换，促进产教良性互动、校企优势互补。

（2）创新人才培养方案。依托施耐德电气丰富的行业专业知识、职业教育领域的探索经验，以学校为培养基地，双方在职业院校校内搭建专业实验室，配套相应专业课程体系、课程教材和教学资源，开设专门课程、倡导企业专家参与教学、提供教具教案、培养师资力量，将施耐德电气丰富的行业专业知识体系和实践应用经验与职业院校课程体系融合，与各学校共同构建教学计划、人才培养方案，形成行业特色鲜明的人才培养机制，为职业院校学生提供在企业的实习和就业机会，联合打造了多个应用型人才培养高地。

（3）探索"双师型"教师培养新路径。2015 年，施耐德电气与重庆万州职业教育中心开展合作，企业派出多名技术专家到中心任教，校方则派出多名教师到施耐德电气重庆工厂学习数字化工厂运行过程、能源管理并接受 VR 安全培训。双方共建施耐德（重庆）电工有限公司智能制造应用技术研发中心，让实践成果惠及学校的同时，也能触达企业、支持产业。本项目还开展师资认证考核，邀请技术专家面向合作院校授课，进行系统教学培训，引导教师快速了解和掌握符合行业发展的前沿技术和技能，提升教师教学能力，使其可以根据智能化、数字化方向的行业转型需求作出相应教学调整，从而带动合作职业院校学生整体职业能力的提高。

（4）硬件和软件两手抓。该项目从硬件支持和软性辅助两方面为职业技术类学校电工专业的发展提供了有力支持，通过志愿者讲座、工厂及办公楼参观、项目现场介绍等丰富多彩的形式，为职校电工专业贫困年轻人（一般占专业总人数的 90%以上）提供了解行业发展，接触行业前沿的机会。同时通过举办教学研讨会，为不同地区、不同学校的电工老师提供互相交流学习、了解行业前沿与技术的平台，更为职校学生提供职业生涯发展及能效讲座等通用技能和知识的培训，为其更好地就业提供支持。

（5）开设职业技术学校。电工培训项目作为"碧波计划"的重要组成部分之一，自 2009 年起，碧波电工培训项目在中国先后实施了百年农民工子弟职校（全国第一所全免费公益职业学校）资助项目、大学生公益奖学金项目和乡村电工培训项目，为贫困青少年带来学习和就业的希望。"碧波计划"作为一项长期进行的扶贫济困项目与教育公益项目，自 2009 年开展至今，已经创造了巨大的社会价值。

3. 项目成效

施耐德电气以企业需求为出发点，构建全方位人才发展体系，关注学生的全面发展，注重为教师赋能。目前，"碧波计划"已经组织了 19 场教学培训，覆盖配电、工控、智能照明及智能制造课程，累计培训合作学校专任教师 700 人次。至 2014 年，已资助全国 11 所职业技术学校建立了电工实验室，持续开展志愿者授课及各类参观研讨活动，直接获益贫困学生超过 2000 人，培训电工教师超过 100 人次；通过设立公益奖学金资助了 10 所大学的 800 余名贫困大学生完成学业，同时也鼓励他们积极参与公益服务活动回馈社会，累计志愿服务时数近 2 万小时。

"碧波计划"在中国职业教育的长期实践，取得了一系列校企合作、人才培养的成果，构建了一套完整的合作体系和模式，探索出了企业参与职业教育的独特道路，建成人才培养、科技创新、专业建设与产教融合发展的人才培养模式，助力高质量发展、"一带一路"建设等战略任务的人才储备。

（三）评析

以企业为主导的职业教育国际化模式充分践行了产教融合理念，做到了产业对口专业、企业对接企业、职业标准和课程标准结合、生产过程和课程过程结合。在技能型人才培养实践中，能够以企业的需求、行业发展发向为导向，开展人才培养，为企业、行业长期提供技能型人才，实现校企双赢。有利于高职教育专业（群）与先进制造全产业链对接，实现与区域经济社会发展的有机融合。有利于提高区域科学研究、技术研发攻关、产品升级的有效性，为高职教育推进区域先进制造业发展提供外部助力。有利于在高职院校传播和形成科技创新文化氛围，为推进区域先进制造业发展提供内生动力[①]。

但以企业为主导的职业教育国际合作模式缺乏顶层设计，缺乏政府的参与。政府没有发挥统筹主导作用，高职院校专业体系规划可能缺乏整体观念，没有能力精准对接区域内的企业，难以形成本区域内的全产业链。在政府统筹下，统筹相关部门，协调联动，向职业院校提供政策、资金和资源支持，打造高水平专业（群）、打造职业教育高地，能够联合本区域内职业院校构建继续教育培训体系，能够依据本区域产业特色，因地制宜统一规划产业和职业教育，提高技能人才的培训实效，建立培训常态化机制，整合资源，构建产教融合平台。

---

① 颜克伦，等．高职教育产教融合推进区域先进制造业发展的瓶颈与策略．继续教育研究[J]，2022（02），70-74.

第 3 章　高职国际合作 CEC 人才培养新范式的理论模型

3.1　理论基础

（一）人类命运共同体理论

1. 人类命运共同体理论的提出背景

在世界多极化、文化多样化和经济全球化愈演愈烈的国际发展背景下，2012年，党的十八大报告中首次提出了"人类命运共同体"思想，从整体、全局的角度出发思考全球各族人民的生存和发展。十九大报告中，中国领导人旗帜鲜明地提出要"坚持推动构建人类命运共同体"，这是中国应对全球问题的根本立场和出发点。2017年联合国决议首次将"构建人类命运共同体"理念写入其中，"人类命运共同体"理念逐渐得到了世界多个国家的认可，开始产生广泛的国际效应。

经济全球化、世界多极化的发展已经是不可逆转和阻挡的历史潮流，同时生态环境问题、发展不均衡问题、资源问题和恐怖主义等全球性问题的持续恶化，呼吁全球各族人民必须勠力同心、和衷共济来共同应对。而世界各国在资金、产品、科学技术和人才方面的交流日益密切，也推动着和平、发展、合作和共赢成为当今时代的发展主题，共建、互鉴才是化解资源短缺、分布不均衡等问题的唯一途径。从根本上来说，人类命运共同体思想是为解决全球性问题而提出的，体现了人类休戚与共、命运相连的本质联系，更展示了面对全球问题时的中国智慧、中国态度和中国方案。机遇与挑战并存，全球化在为世界经济社会发展提供便利的过程中，同时也产生了诸多问题，而人类命运共同体思想是顺应世界发展潮流和历史趋势提出的维护国际新秩序和解决新型国际关系的共同价值理念①。

2. 人类命运共同体理论的科学内涵

习近平总书记着眼于人类的前途命运和世界和平发展方向，提出了构建人类命运共同体的伟大构想，他指出："人类命运共同体，顾名思义，就是每个民族、每个国家的前途命运都紧紧联系在一起，应该风雨同舟，荣辱与共，努力把我们生于斯、长于斯的这个星球建成一个和睦的大家庭，把世界各国人民对美好生活的向往变成现实。"②作为一种应对国际问题的新理念，人类命运共同体理念超越了不同民族在文化、制度、习俗等方方面面的差异，体现出极大的开放性和包容性，呼吁全球各国携手来开创合作共赢的新局面，只有这样才能真正实现"共担时代责任，促进全球发展"。

人类只有一个地球，共处一个世界，资源竞争必须要以各族人民的生存发展为底线。习近平总书记在 2015 年 9 月 28 日的第七十届联合国大会一般性辩论时，对人类命运共同体进行了完整全面的阐释，从建立伙伴关系、营造安全格局、谋求发展前景、促进文明交流和构筑生态体系等方面提出了人类命运共同体的"五位一体"布局。这需要全球各国树立"人类命运共同体意识，在追求本国利益时兼顾他国合理关切，在谋求本国发展中促进各国共同发展。"③习近平总书记指出，在这个伟大历史进程中，我们"将高举和平、发展、合作、共赢的旗帜，恪守维护世界和平、促进共同发展的外交政策"④。这就表明，和平、发展、合作、共赢是人类命运共同体思想的根本要求和基本准则，国家发展必须以国际共同发展为基础。

---

① 苏丽娜，陈彦余. 新时代人类命运共同体研究的前沿趋势与逻辑进路探析[J/OL]. 内蒙古农业大学学报（社会科学版）：1-12[2022-01-05]. http://kns.cnki.net/kcms/detail/15.1207.G.20211221.1307.002.html.

② 携手建设更加美好的世界——习近平在中国共产党与世界政党高层对话会上的主旨讲话[N]. 人民日报，2017-12-02(1).

③ 胡锦涛. 在中国共产党第十八次全国代表大会上的报告[R]. 北京：人民出版社，2012:47-48.

④ 习近平. 在中国共产党第十九次全国代表大会上的报告[R]. 北京：人民出版社，2017:58.

3. 人类命运共同体理论的基本原则

人类命运共同体理论是在国家主权平等、合作共赢的基础上寻求世界各国人民的和谐共生，包含了国际关系中新的权力观、文明观、义利观和大局观。具体来说，首先，构建人类命运共同体要坚持主权平等原则。主权是一个国家生存与发展的基础保障，丧失主权将丧失国家的主体独立性。国家有暂时的大小、强弱之别，但是无论是哪个国家，其存在都有一定的历史必然性，尊重并包容其他国家的发展是每一个国家最基本的国际态度和国际立场。因此，主权平等是构建人类命运共同体的内在要求，而构建人类命运共同体也要以主权平等为根本原则遵循。其次，构建人类命运共同体要坚持合作共赢原则。其中合作是共赢的前提和基础，而共赢是合作的目标和价值体现。面对全球问题和全球挑战，非彼即此、你输我赢的零和博弈思维已经不合时宜，只有合作共赢才是化解困境的唯一方法。再次，构建人类命运共同体要坚持开放包容原则。人类社会呈现出丰富性和多样化特征，各个国家的资源禀赋、政治形态、体制机制以及文化观念千差万别，因此只有以开放包容的眼光看世界国际化发展，以"海纳百川"的气度与其他国家进行交流合作，才能进行文明交流和文明对话，而不是彼此排斥和互相取代。最后，构建人类命运共同体要坚持和谐共生原则。从整体性思维出发，可以看出人类社会和自然界都是统一的综合体，因此要平等互惠、和谐共生。只有各国之间和睦相处、共同参与，世界各国之间才能在和谐共生的基础上实现国际社会的可持续发展。

4. 职业教育中的命运共同体

人类命运共同体理论是处理全球问题和国际关系的上位理念，被广泛运用到各个行业产业发展中。随着经济社会的发展、产业结构的转型升级和国际交流的日益密切，国际合作呈现常态化发展趋势，这就对具备精通国际规则和通晓国际事务能力的全能型、高素质人才提出了要求。在职业教育定义成类型教育后，打造职业教育命运共同体成为职教人士的重要使命。共同体是"一个基于共同目标和自主认同、能够让成员体验到归属感的人的群体"[①]，职业教育命运共同体则是国际上与职业教育相关的行业、产业、院校和政府等主体秉持共同的愿景目标，彼此之间建立平等互赢、互信互赖和和谐共生关系的综合体。打造职业教育命运共同体是信息社会对高素质、全能型人才需求的具体体现，对国际产能合作的顺利开展、国际化人才培养等大有裨益。

具体来说，职业教育要形成四个维度的命运共同体，这四个维度体现了职业教育命运共同体的内在本质。

其一，要形成"利益共同体"。哲学中有一个问题："我们到哪里去？我们到有利益的地方去"。利益是所有个体及社会组织生存和发展必不可少的要素，基本上所有的争端和矛盾都来源于利益不均，追逐利益是人类永恒且共同的话题。这就要求各国在开展职业教育国际交流与合作的过程中要兼顾各方利益，通过协商、交流进行对话和表达，最终实现利益最大化，夯实各方合作基础。利益不同或者罔顾利益谈国际合作，最终将导致合作中产生诸多嫌隙和芥蒂，无法调动各方的积极性和主动性，最终使得合作失败。

其二，要形成"责任共同体"。职业教育国际合作交流中涉及中方院校、外方院校、企业、政府机构等多方主体利益，根据权责共担的理念，各方主体也要承担各种责任。只有厘清各方主体责任，才能够有效避免由于追逐利益而出现的推诿责任、组织涣散和执行力削弱的问题，做到责任明晰对深入推进职业教育国际合作至关重要。责任共同体要求职业教育在开展国际交流合作的过程中要划清权利和义务边界，明确各方的利益界限，最终能在明晰责任的基础上实现责任共担。

其三，要形成"发展共同体"。"发展是硬道理"，共谋发展是职业教育国际行动的根本出发点和最终归宿。归根到底，职业教育国际合作的初衷是为了实现更好地发展，能够顺应时代潮流培养符合国际化进程需求的高素质技术技能人才。在马克思主义哲学中，发展是新事物的产生和旧事物的灭亡，发展是需要一定的条件和基础的。职业教育国际合作中只有形成发展共同体，各方主体才能放下偏

---

① 张志旻，等. 共同体的界定、内涵及其生成——共同体研究综述[J]. 科学学与科学技术管理，2010，31（10）：14-20.

见和争执，不断朝着共同的目标前进。

其四，要形成"信息共同体"。"信息"已经上升为与物质、能量一样推动社会发展的重大战略资源，在职业教育国际合作中具有其他资源无可替代的优势和作用。信息垄断和信息封闭是造成职业教育国际合作诸多问题的根源，这在无形中增加了各国进行人才培养的成本和难度。因此，职业教育国际合作必须共享各国职业教育发展状况和行业企业人才需求状况，实现信息的多方互动和双向流通，以信息共享实现信息透明化，向合作方展示自己的合作态度和合作意向，最终实现合作共赢。

（二）职业教育跨界融合理论

1. 职业教育跨界融合概念的提出

黄炎培先生指出："办职业学校的，须同时和一切教育界、职业界努力的沟通和联络；提倡职业教育的，同时须分一部分精神，参加全社会的运动。……换一句话，内部工作的努力不用说了，对外还须有最高的热诚，参与一切；有最大的度量，容纳一切。"黄炎培先生的这些论断体现了职业教育跨界的内在特征。职业性是职业教育的本质特征，教育性是职业教育的根本属性，职业教育作为与经济社会联系最为密切的一种教育类型，内蕴深刻的跨界发展诉求。从经济社会发展来看，科学、社会、人文和技术等诸方面的发展是经济社会发展的具体方面，这就意味着职业教育必然会与教育学、科学、社会学等学科产生交叉、渗透和融合，具有明显的跨界特征。我国职业教育著名学者姜大源先生最先提出了职业教育的跨界理念，并指出职业教育应该跳出职业看职业，跳出教育看教育，跳出学校看学校，跳出知识看知识，跳出技能看技能。据此可以看出，职业教育的发展不仅需要从学校角度出发考虑生源质量、学校设施以及师资队伍情况，更重要的是要根据国际社会、国家经济和区域经济的发展、行业企业以及劳动力市场对人才的需求来进行专业设置和调整，从而更好地对接经济社会需求，培养对口对路的高素质技术技能人才。

2. 职业教育跨界融合的内涵

普通教育开展的教育活动通常是在学校这一精心设计的环境中进行的，这决定了普通教育是一种发生在教育系统内部结构框架下的教育行为。而职业教育则明显不同，为实现培养技术技能人才的最终目标，其必须要在教育和职业之间取得平衡和互动，即是在教育系统内部结构和与之密切相关的行业企业系统结构框架下的教育行为。这就要求职业教育不仅要关注学习、学校和教育等普通教育领域要素，更要关注职业、企业和工作等职业领域要素。即职业教育不仅基本覆盖了普通教育领域，同时也新增了职业、企业等相关领域。在这种条件下，跨界融合办学是职业教育的必由之路和内在诉求。

职业教育中"跨界"指研究者跨越与职业教育相关的各个"定界"，探求他们对职业教育的作用规律，为职业教育的问题解决和实践发展提供全面、有效的信息和支持[①]。职业教育作为一种教育类型，其内在特征决定了办学格局必须由一元主体向多元主体进行转变，换句话说，从传统的一元结构向跨界的双元或多元结构进行转变是职业教育作为类型教育的重要特征。具体来说，必须由传统的只有一个单一学习地点、单一主体的定界教育向包含学校、企业、其他社会机构的两个或两个以上地点的双元或多元主体的办学格局进行转变。这种跨界融合实践能够破解当下职业教育办学中的三重困境。其一，跨界融合要求职业教育必须同时关注学校教育和企业发展的对接，破解了学校和企业互相割裂的困境；其二，跨界融合要求职业教育必须同时关注学习规律和工作规律的融合，破解了学习与工作分离的困境；其三，跨界融合要求职业教育必须同时关注知识增长和职业成长的同步发展，破解了教育与职业脱节的困境。

3. 职业教育跨界融合的意义

首先，职业教育跨界融合有助于打破职业教育发展瓶颈。我国职业教育在发展过程中出现了人才培养质量不达标，培养特色不鲜明，办学资源缺乏，培训效果欠佳，与产业结合不够紧密，缺乏吸引力等诸多问题。这主要是由于我国办学

---

① 张翌鸣，张园园. 论职业教育的开放及跨界属性[J]. 职教论坛，2015（16）：15-19.

者没有认识到职业教育的"跨界"特征，导致无法脱离普通教育的办学桎梏，依旧采用"普通教育+职业"的传统办学模式来办职业教育。而从现实情况来看，无论是国家为主的职业教育、行业为主的职业教育还是社会团体为主的职业教育，都是个体的、单一的办学模式，没有体现职业教育的内在"跨界"特征。而职业教育跨界融合理论强调职业教育要跳出"定界"思维的束缚，采取多元合作、跨界融合的综合办学。坚持职业教育跨界融合办学和发展，从本质上来说是将人才培养和未来就业、教育突围和经济发展统一考虑，最终实现职业教育人才培养的精准化、素质化发展。

其次，职业教育跨界融合有助于实现知识整合。在国际化背景下，职业教育的功能和劳动者的角色发生了翻天覆地的变化。具体来说，职业教育培养的人才首先应当是国际的人，然后是所处的特定社会背景的人、某个特定工作组织中的人，最后才是某个特定岗位上的劳动者。因此，职业教育教学不同于职业培训，其重点在于人才的"养成"和"发展"，不仅要培养技术精湛的劳动者，更要培养具有当代社会文化底蕴的完整的人[1]。这就要求职业教育教学中的知识内容选取要兼顾专业知识和通识知识，促进学生适用于工作的职业能力和"作为社会存在的劳动者"的通用能力的双向提升。职业教育跨界融合理论下教学内容的选取摒弃以往重专业知识轻通识知识的弊端，将专业知识和通识知识作为学生成长中同等重要的"营养"基础，将职业能力和通用能力作为学生综合素质提升同等重要的组成部分，通过通识知识和专业知识内容难度的层次性递增促进学生综合素质的层级提升。

最后，职业教育跨界融合有助于夯实合作基础。职业能力成长的关键是"参与"和"经验"。最早的职业教育是以现代学徒制的形式存在的，这反映出劳动者职业技能的养成需要在工作岗位的具体实践中不断积累经验[2]，这也是产教融合的合理性和必要性逻辑基础。在职业教育跨界融合发展中，学校以其教学设备、教

---

[1] 徐国庆. 实践导向职业教育课程研究：技术学范式[M]. 上海：上海教育出版社，2005.8.
[2] 刘春玲. 高职旅游管理专业教学资源库建设研究[J]. 创新创业理论研究与实践，2019，2（12）：126-127.

学系统、图书资源、专业教师等条件为基础主要承担理论知识教学，而企业以其生产环境、生产设备和真实项目为条件承担实训教学，通过搭建校企合作平台作为"人字梯"的坚实基础，最终促进学生的"理实一体化"发展。而培养出来的优秀人才能够"反哺"学校和企业，最终二者都会实现发展，因此是一种合作共赢的良性互动机制。

（三）产业链、创新链、教育链融合理论

1. 产业链、创新链、教育链的内涵

《国务院办公厅关于深化产教融合的若干意见》中明确指出要"深化产教融合，促进教育链、人才链与产业链、创新链有机衔接，是当前推进人力资源供给侧结构性改革的迫切要求。"①与经济社会紧密联系是职业教育的本质特征，而经济社会的产业升级和转型发展离不开技术革新，因此职业教育只有实现产业链、创新链和教育链的深度融合，才能从根本上推进协同育人，培养对接产业发展需求的创新型和应用型人才。

其中，"教育链"主要是指贯穿学生入学学习到毕业就业全过程的多元主体、多种资源、多个环节的全部要素及其相互关系。教育质量是"教育链"的生命线，保证了教育的最终效果。知识经济和创新发展时代的到来使得知识越来越成为企业的创新驱动力，同时教育链也成为了连接创新链和产业链的重要基础，产业链和创新链本身就是基于知识创新和文化创新的链条生态。教育链中知识的创造、传播、共享在产业链和创新链的整合提升中起着基础作用。

创新链是指从创新源头开始，依托知识创新将各类创新主体和创新要素进行连接，直到完成市场价值和创新成果产业化的全过程。换句话说，创新链是企业以消费者需求为导向，围绕产业链生产的不同环节形成的，从创意设计到产品商业化再到售后服务的全过程中渗透的创新元素。创新是创新链的灵魂，创新程度决定了经济效益的多少。一般来说，一个新产品的创新链通常可以分为产品创意、

---

① 国务院办公厅国务院办公厅关于深化产教融合的若干意见 [EB/OL]．[2017-12-19] (2019-09-24)．http://www.gov.cn/zhengce/content/2017-12/19/content_5248564.htm.

技术创新、产品创新和商业与服务模式创新四个彼此独立又相互影响的阶段。创
新必须要以市场需求为导向，创新主体通过整合产业链上的各个创新要素，实现
整个产业链上各个环节的价值创造和增值。

产业链是指生产各部门基于技术经济联系形成的一条从技术到生产再到市场
的链条，具体包含价值、企业、供需和空间四个维度。换句话说，产业链主要是
企业生产部门为了给顾客等利益集团创造价值，依据不同生产环节、产品价值关
系而形成的链条式关系形态[1]。技术是"产业链"的生命力，推动着产业不断进行
转型升级。产业链包含了产品设计、产品研发、原材料生产及采购、零部件制造、
产品制造、组装加工、物流运输、市场销售、品牌推广与服务等诸多环节[2]。随着
全球化进程的加快，产业链也逐渐扩展到全球范围，逐渐由单一的供应链向全球
性的多元网络化发展。

2. 产业链、创新链、教育链之间的逻辑关系

产业链、创新链和教育链是相互影响、相辅相成的。具体来说：

首先，教育链要对接产业链和创新链。职业教育教学中涉及行业企业、市场、
政府和院校等多元育人主体和多个育人要素，同时也涉及与其他系统要素之间的
互动合作。因此，职业教育链要转变传统的教育观念，积极推动与行业企业进行
联合办学。具体来说，教育链要从专业设置、教学目标、实践环节、课程安排等
方面入手，与产业链和创新链进行全面对接。只要更好的对接产业链发展的技术
需求和创新链发展的创新需求，教育链才能进一步调整院校和专业布局，才能进
一步明确人才培养方向、制定更加科学合理的人才培养方案。

其次，创新链要赋能教育链和产业链。从本质上来说，创新链涵盖了基础研
究到应用研究、技术研发到产品生产的全过程的创新集合。创新需要有创新思维
的人才来支撑，往往伴随着技术的革新和产业的转型升级，反过来创新链的发展

---

① 吴志军，等. "产业链—创新链—教育链"协同融合的综合性设计人才培养模式与实践[C]//
中国设计理论与技术创新学术研讨会——第四届中国设计理论暨第四届全国"中国工匠"
培育高端论坛论文集. [出版者不详]，2020:455-464. DOI:10.26914/ c.cnkihy.2020.039143.
② 吴红雨. 价值链高端化与地方产业升级[M]. 北京：中国经济出版社，2015.

也将为教育链和产业链提供技术支撑和创新驱动。一方面，职业教育中通过产学研协同创新发展，能够为更好地满足市场需求，促进创新主体与教育主体、产业主体进行精准对接。另一方面，创新链通过优化资源配置，对人才培养教育链和产业链的各个环节进行重新设计，从而形成创新驱动教育教学及成果转化的良性循环系统。

最后，产业链部署教育链和创新链。对接产业需求是教育链的根本诉求，也是创新链的重要参考点。产业链上的每一个环节都对人才培养和技术创新提出了明确需求，从根本上决定着教育链和创新链的发展方向。一方面，产业链通过岗位标准和技术规范引导和部署教育链和创新链的发展，因此必须要提升产业链与教育链、创新链之间的"匹配度"。另一方面，要把产业高质量发展对人才知识结构、能力素养的要求作为优化教育组织形式和科研组织模式的重要依据，并以满足产业发展对人才的需求为导向，推动产业链条上的各类资源要素充分融入教育教学和科学研究各环节，从而有效衔接技术创新和知识创新。

3. 产业链、创新链、教育链融合的组织形态

教育链、创新链和产业链在融合发展过程中，会出现不同程度地渗透与交叉，形成四种不同的组织形态，如图 3-1 所示。不同的组织形态承载着不同的构成要素、作用方式、组织机构和制度供给，促进跨界间不同信息、资源和知识的共享与整合。

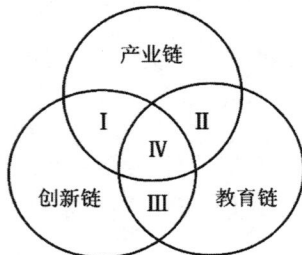

图 3-1　产业链、创新链、教育链融合的组织形态图

（1）Ⅰ区域是产业链和创新链交叉形成的产创融合组织形态。主要指政府、科研机构、高等院校、行业企业和研发部门等创新主体通过技术研发和技术创新，

将科研成果转化成生产力来为产业链的生产赋能。创新链是推动产业链结构调整的直接动力，是产业转型升级的重要驱动，产创融合程度从根本上决定了创新驱动发展战略的实现程度。

（2）II区域是产业链和教育链交叉形成的产教融合组织形态。主要是学校和企业以培养技术技能人才为导向，通过平等对话、师资共建、资源共享、平台搭建和制度创新等活动进行协同育人的过程。校企合作职业教育人才培养的主要模式，是职业教育与普通教育的根本区分点。在这个过程中，学校和企业以人才红利为共同目标，采取订单培养、基地共建、顶岗实习、项目合作和工学交替的等不同程度地合作来提高人才综合素质。

（3）III区域是创新链和教育链交叉形成的科教融合组织形态。世界一流大学通常将科教融合作为办学的核心理念。即通过教育的方式让学生接触高新技术、科学前沿来培养学生的创新能力和科学素养。科教融合更加面向教育科研和高端技术创新人才培养，是实现技术攻关和知识创新的重要手段和必要途径。

（4）IV 区域是教育链、产业链和创新链交叉形成的三链融合组织形态。主要是指在超越产创融合、产教融合、科教融合的双边关系的基础上，通过三边交叉渗透形成的高级组织形态。在此区域内集合了信息、知识和资源等多种要素的互鉴和共建，实现了产业发展、科技创新和人才培养的协同发展。具体来说，企业将行业标准、生产工艺、岗位需求、研发技术和经营管理等发展要素进行共享，学校将师资、人才、技术和社会资源等教育要素进行共享，而创新主体将前沿技术、先进知识等创新要素进行共享，三者通过话语表达实现信息互通和资源共享，最终实现"三链融合"发展。

（四）协同理论

1. 协同理论的基本观点

广义上讲，协同是指协调两个或者两个以上的不同资源或者个体，协同一致地完成某一目标的过程或能力。多元协同理论强调各个主体之间并不是要唱"独角戏"，而是以积极主动的姿态挑起自身的"责任担当"，最终实现协同互动发展。

20 世纪 70 年代，德国著名物理学家赫尔曼·哈肯创立了"协同学"，后发展为协同理论，与耗散结构理论和突变理论并称为现代三大系统理论[①]。协同理论以系统论的基本观点为支撑，旨在揭示事物之间发展的一般性规律。其基本观点是：首先，各个研究对象是由多个具有内在联系的子系统构成的开放而复杂的系统，即总系统和子系统存在总体和要素的包容关系；其次，各个子系统存在广泛而深刻的物质、能量和信息等方面的交换和相互影响，在这个过程中以相互制约和相互协作为主要交往方式；最后，在这种制约和协同的作用下形成的整体效应，推动复杂系统的发展呈现由无序化到有序化发展的状态。总地来说，协同理论强调以内部协同消解内部摩擦、以资源整合化解重复建设，最终"复杂系统内部各子系统为了实现共同的演进目标而形成时间、空间和功能上的有序结构"。[②]

2. 协同理论的主要内容

协同理论揭示了系统内部要素之间的能量、物质和信息等方面的相互影响和彼此交换，蕴含着丰富的理论内核。

其一，协同理论中的支配原理。协同理论中的一个重要概念是序参量，其在整个系统发展过程中起着重要支配作用，由子系统之间的协同合作产生并体现了子系统参与协同运动的集中程度，支配着子系统的行为。从本质上来说，序参量在复杂系统的发展过程中起着重要的媒介作用，既能推动复杂系统在发展中形成新的结构，又能够反映出系统的宏观有序程度，进而支配着子系统的行为不断向有序方向发展。

其二，协同理论中的反馈机制。反馈机制也可以称为"信号机制"，是指子系统在相互影响过程中就某一内容进行的回应和反馈。协同理论认为，复杂系统的发展离不开子系统之间积极有效的反馈，这是子系统之间进行协同和对接的基础和保障。具体来说，反馈机制通过"信号释放"来推动系统内部不断进行动态调整，主要可以分为正反馈和负反馈。其中正反馈通过序参量使系统从无序状态发展到有序状态，而负反馈通过序参量作用使系统状态维持不变。

---

① 刘晶晶. 基于协同理论的高职教育产教融合机制及优化策略研究[D]. 华中师范大学，2019.
② 刘晶晶. 基于协同理论的高职教育产教融合机制及优化策略研究[D]. 华中师范大学，2019.

其三，协同理论中的自组织原理。自组织是相对于被组织而提出的概念。顾名思义，被组织是指通过系统外部发力，以外部的命令、规则和力量等作用到系统上促使系统状态发生转变的过程。而自组织更加强调内部发力，指系统最大程度地摆脱了外部力量的控制和影响，由系统内部的各个子系统受到某种诱因和规则的影响而自动形成的相对稳定的结构或功能。可以看出，协同理论的自组织原理着重阐释了子系统的协同发展动力和发展机制问题，自组织是系统能够实现协同发展的重要条件。

其四，协同理论中的协同效应。从本质上来说，协同是事物之间通过相互制约和相互协调最终形成的一种稳定而制衡的关系，而协同效应则揭示了子系统是如何实现从无序结构到有序结构的内在机理。正是有协同效应的存在，构成复杂系统的各个子系统之间才能通过相互合作、相互影响和相互制约最终实现协同发展，进而产生了超越简单叠加的"1+1>2"整体效应。

3. 协同理论下的职业教育

培养符合经济社会生产需要的技术技能人才是职业教育的天然使命。职业教育系统的运行和发展涉及政府部门、行业企业、职业院校、市场和人才等多个利益主体，因此必须要在协同理论引领下实现合作共赢。

首先，协同理论下的职业教育要实现开放性发展。协同理论强调事物呈现出能与外界进行能量、信息和物质交换的开放状态，这是实现协同的必要条件。而职业教育同样也是置于政策环境、文化环境和经济环境下，需要秉持开放发展、兼容并蓄理念，积极与外界进行交流互动，以获得更加充足的发展条件和资源基础。

其次，协同理论下的职业教育要实现整体性发展。协同理论更加注重从全局、整体视野出发探讨事物的发展。而职业教育关涉多元主体参与和多方要素合作，具有明显的整体性特征。具体来说，这要求职业教育在发展过程中要进行资源整合，使得内部各子系统协同合作最终促进整体发展；反过来，整体的发展又进一步推动各子系统的发展，进而取得协同共赢的整体效果。

最后，协同理论下的职业教育要实现差异化发展。同质化是导致社会资源争夺加剧和发展不平衡的根本原因，只有合理配置资源和发展重心，实现差异化发展，才能从根本上实现协同互补、合作共赢。职业教育内部的各个子系统要有所侧重地实现特色发展，避免就某一方面一拥而上，造成资源争夺。只有差异化发展，职业教育才能有效协同各方资源。

3.2　设计思路

通过对人类命运共同体理论、职业教育跨界融合理论、多元协同理论和产业链、创新链、教育链融合理论的分析，分别提出文明互鉴、三方共建和立体培养三个设计原则。

（一）文明互鉴

玄奘取经，鉴真东渡。早在一千多年前，我国就迈出了中外文明交流互鉴的脚步。远在千年后的今天，脚步仍未停止。"世界各国风雨同舟、团结合作，才能书写构建人类命运共同体的新篇章"，这是 2022 年的新年贺词中，习近平主席对世界各国和衷共济、共同推动构建人类命运共同体美好未来的展望。近年来，习近平主席先后在联合国教科文组织总部、亚洲文明对话大会开幕式等重大场合发表演讲时阐述，"文明因交流而多彩，文明因互鉴而丰富"的"文明交流互鉴"主张。此外，更是明确指出，亚洲各国在面临百年未有的大变局之时，"既需要经济科技力量，也需要文化文明力量"才能共同应对挑战、迈向美好未来。

在经济、政治全球化空前凸显的当今世界大环境下，所有人的利益都被紧紧联系在一起，较之相比，文明"全球化"就显得不足为患。但文明交流与互鉴是实现人类命运与共的重要因素，是促进异质文明合作、共谋人类幸福的必然选择[①]。文明互鉴也能实现利益共享。利益是所有个体及社会组织生存和发展必不可少的要素。在"一带一路"职业教育国际行动中涉及双方政府、职业院校、企业和教育机构等多个参与主体，如何实现利益分配和共享是关系到合作能否顺畅进行的

---

① 高福进，孙冲亚. 新时代"文明交流互鉴论"的主要意涵及其构建路径[J]. 上海交通大学学报（哲学社会科学版），2021，29（06）：82-92. DOI：10.13806/j.cnki.issn1008-7095.2021.06.009.

关键因素。这就需要协调好各利益相关方的关系，合理分配权力和责任，实现多方力量的有机协作。因此，必须要有一个利益分配机制和整体利益分配规则体系。这是一个谈判协商、行动选择和收益分享的过程。而文明互鉴旨在消除沿线国家开展职业教育国际合作的隐性壁垒和信任危机，打通合作双方沟通对话和交流协商的渠道，以互利互惠和风险补偿为原则来保证每个参与主体的利益获得，并确保每个主体所获得的利益与所承担的风险成正比，最终实现利益共享[①]。"文明互鉴"不仅是国际合作的前提条件，更是促进国际合作的内驱动力。那么究竟何为"文明"？文明是人对自然超越中的实践创生，人对自然的超越，也就表现为通过社会实践，特别是作为其基本形式的物质生产来改造外在自然，同时又改造内在自然，从而使文明得以创生的过程；文明是人对野蛮克服中的社会进步状况，这里的"野蛮"，是指对文明的悖反。从这个意义上说，只有克服野蛮，才能实现文明。这个斗争的最终结果就是人类最美好社会——共产主义社会的实现；文明是保障和增进人类生存发展利益的社会工具，也就是解决人类生存发展中遇到的问题，即所谓"人类生存问题"；文明是以正态精神文化为重要构成要素的一切正能量的总和，文化不能与文明画等号，文明意味着进步，而文化也有负面文化。文明有差异，但差异不代表冲突，不等于文明优劣，更不意味着对抗。差异可以互相包容。[②]

在所有的社会组织机构中，能胜任人类远大目标的指导任务和人类未来利益的管理任务的，似乎以大学最为适宜[③]。作为国家软实力的象征，高等教育无疑肩负着文明互鉴与文化互通的重要使命。首先，高等院校之间国际合作的开展是文明互鉴的基础。世界大部分高等院校都已打通与其他国家高等院校的国际合作渠道，合作模式多样化：以宁波诺丁汉大学、西交利物浦大学等为例的国外大学在中国成立的独立学校；成立联合学院或系，例如上海交通大学密西根学院；双学

① 易俊，杨娟，郑绍红."一带一路"职业教育国际行动中文明互鉴的意涵、价值与路径[J]. 教育与职业，2021（21）：35-41. DOI:10.13615/j.cnki.1004-3985.2021.21.005.

② 陶富源. 文明冲突，还是文明互鉴？——文明及其发展规律和当代走向[J]. 中国浦东干部学院学报，2020，14（05）：24-34+116.

③ 阿什比，滕大春，滕大生. 科技发达时代的大学教育[M]. 人民教育出版社，1983.

位项目，例如最早始于天津财经大学和美国俄克拉荷马大学的 MBA 项目；中国大学的海外分校等。国际化实践在教育领域不断丰富，形成了显著的多样性特征。其次，高等院校的服务对象是文明互鉴的保障。高等院校的组成成分主要是高校教师和大学生，他们在这个社会上是属于较高层次的人才，综合素质较高，更能够与国内外的文明产生共鸣感，更有能力以扬弃的态度辩证地对待外来文明，并在此过程中，推陈出新，革故鼎新。再者，高等院校作为大部分当代中国青年进入社会的必经之路，是文明互鉴后再交流、再传递的关键所在。之所以文明互鉴，是要将文明产物尽可能多地传递给更多的人，形成文明层面的人类命运共同体。2021 年教育部召开的新闻发布会介绍了"2021 年高校毕业生总规模 909 万人，同比增加 35 万人，毕业生人数再创历史新高。"通过高等院校文明交流互鉴得出的文明产物，可以用更直接的方式，更快速地传达给更多的人。

职业院校是高等教育的重要组成部分。全国高职院校数量超过 2000 所，特别是高职扩招后，在校高职生逐年增多，形成了最大规模的高等职业教育体系，为我国培养了大量的高等职业人才。"既需要经济科技力量，也需要文化文明力量"才能共创人类命运共同体，高职院校同时占取其中科学技术和文化文明的两个要素。因此，文明互鉴的发展一定也离不开高职院校的一份力。

文明互鉴是建立在彼此认同之上的，"CEC"模式坚持以平等的关系相互借鉴，求同存异，尊重世界文化多样性，共同促进人类文明繁荣进步。打造"一带一路"职业教育国际行动"认识共同体"、以职业教育国际合作支撑"文明互鉴"发展理念的、以联盟推动国际合作的运行机制的、以"文化互鉴"为前提的"CEC"高职国际交流合作模式，是对习近平总书记提出的构建人类命运共同体"中国方案"的自觉践行。通过文明互鉴实现"利益共享"、推动"责任共担"、助力"发展共促"、确保"信息共通"、达到"合作共赢"。

（二）三方共建

学者们将协同治理看作社会科学的"治理理论"和自然学的"协同学"融合交叉构成的理论。如果把"CEC"模式下的高职教育治理看成一个系统，三方共建可以理解为，在渠道畅通、运行有效、方式多样的合作平台下，国内高职院校、国外高职院校和企业的多元化利益相关群体协商形成共识，形成文化认同，建立相互信任与相互依赖的互动关系，遵循相同规则，共建共享，解决各方不能独立解决的系统问题，处理共同制定人才培养方案、共建共享优质课程资源、培养培训国际化师资队伍、合作开展技术研发与服务等的系统公共事务，形成优势互补的合作态势，增进系统的公共价值①。

1. 校内外跨界，校企协同治理

在教育部与财政部联合下发的《关于实施中国特色高水平高职学校和专业建设计划的意见》中，明确指出要"创新高等职业教育与产业融合发展的运行模式，提升高职学校服务产业转型升级的能力，推动高职学校和行业企业形成命运共同体"。在"CEC"模式中，校企协同治理是三方共建的基础。

近年来，高职院校校企研合作是影响高职院校办学水平和核心竞争力的主要因素之一，不仅有力地提升了高职院校的人才培养能力和服务社会能力，也一定程度上推动了我国企业的技术创新和产业的转型升级，有效地促进了应用型技术技能人才培养。如今，在国家创新发展理念的指导和创新驱动战略的推动下，面对经济新常态，高职校企研合作更加成为国家现代职业教育体系建设的重要议题，但是诸多的理论及实证研究都从不同侧面揭示了校企合作中还存在一些诸如行为动机差异大、专用性投入不足、机会主义行为复杂、合作协调成本高等问题，制约了校企合作绩效的达成，直接或间接造成我国高职教育人才培养机制创新动力不高、职业岗位技术技能不足、市场适应能力不强等现实问题，影响了校企合作对职业性人才培养和对经济社会发展的促进作用。而且，校企合作的内涵早就突破了人们对它从字面意义上所做的理解，已经朝着"官、产、学、研、中、金"体系链方面不断延伸。因此，推动高职教育校企合作，不仅应该考虑如何"建立以市场为导向、校企双主体办学、工学深度结合的职业教育人才培养模式"，更需要考虑如何创新治理模式以加强对高职教育校企合作的有效治理，以便从本质上

---

① 李子云，童寒川. 协同治理视域下的高职教育三维共治研究[J]. 中国高校科技，2021，（09）：35-40.

推动行业企业与高等院校、科研院所等利用各自的比较优势有效开展深度合作，提高人才培养效率并实现职业教育与经济社会的协调发展①。

对于高职教育校企合作问题而言，参与主体的日渐多元化、合作活动的日益复杂化和社会形态的高度不确定性，再加上各合作主体的独立能力和自我意识随着市场经济的发展而不断提升，迫使高职教育校企合作超越传统的单向度、线性的治理模式向多元主体治理、网络化治理形态发展。协同治理作为校企合作组织的一种创新性运行机制和管理模式，在对校企合作领域各参与主体的协调和整合中，为校企合作深化及经济社会发展提供了新的动力，是校企合作促进人才培养和经济发展的必然逻辑。

2. 国内外跨界，校校协同治理

加入 WTO 以来，中国更快地融入了国际经济社会。大规模的外商来华经商、我国公民海外经商、中外合资企业的开展等，都无一不在证明世界的发展已经离不开中国。在如此背景下，作为第一生产力，科技互鉴就显得迫在眉睫，国内外高职院校的协同治理显得尤为关键。在"CEC"模式中，校校协同治理是三方共建的保障。

多元主体合作必然带来管理难度的加大②，优化管理模式成为必然。在中外双方学校的协同治理中，管理的职责和权限务必要清晰，避免在实际运行中的互相推诿或跨界管理的现象。如在合作办学实践中，哪方主要负责学院的办学方针、事业发展、管理人员任命、财务运营等重大事项，哪方主要负责提供教育教学的课程和部分师资，哪方负责协议的签署以及合作办学机构的报批，哪方负责提供完整的"CEC"教学体系、评估体系，对教学师资进行相关培训等。在厘清相关权责后，制定相关《章程》，双方均依照此章程执行，构建运行保障机制，共同搭建合作平台。

---

① 南旭光，黄成节. 高职校企合作协同治理的生成逻辑及实现路径[J]. 教育与职业，2016（13）：23-27. DOI:10.13615/j.cnki.1004-3985.2016.13.005.

② 何新哲. 我国高职院校中外合作办学五年制教育模式研究[D]. 华东师范大学，2018.

3. 跨界融合，三方协同治理

若以某一点作为中心向外辐射，只能发散到二维空间里的点面线，但若是以一个一个紧紧相连的三角锥作为出发点，就能更迅速地全面发散到各个二维空间里的每个部位，从而形成一个互相联系的多维空间。也就是说若是以国内院校为出发点，师资、技术、设施等资源都非常受限制，因此以国内院校、国外院校和企业共同形成的三方治理平台为出发点，三方平等互助，共建共享，能够极大程度上拓宽资源渠道，同时也能打破"国内外"这个空间和时差上的限制，真正实现命运共同体。

（三）立体培养

"立体培养"包含"国与国、校与校、校与企"三个维度的"双元"，首先是国家与国家的政策许可，然后是校与企的合作办学，再次是校与企的供需对接。因为三层三维的多种途径和方式的沟通、对接和合作，"CEC"日益彰显出政府与政府、民间与民间及政府与民间、教育与教育、产业与产业及教育与产业"多极发力"合作机制和"多维融合"的合作效应。

1. 校企培养

比普通高等教育特征更加明显，职业教育中理论和实践的联系更加紧密，职业教育更多的方向不是对某个理论的研究，而是要教会学生"手把手"、脚踏实地的实际操作，学生只在学校学习理论和实操课就显得有些纸上谈兵。因此学校与企业合作培养显得尤为重要，长期和稳固的校企合作是一种互惠双赢的关系。将企业的运营机制和岗位需求与高等院校的人才培养体系和人才培养目标相结合，通过协调、互动和分享等长期合作模式达到高校人才培养成果与用人单位的人才需求无缝对接的目的。

对学校而言：第一，接近一线企业，完善专业设置的合理性。学校专家和教师走进一线企业，直观地了解产业结构的变化，根据实际生产过程中的问题，及时完善学校专业设置的合理性。第二，供需对接，及时调整人才培养方案。高校必须根据企业需求的变化及时调整人才培养方案。只有建立校企合作关系，才能及时地了解到企业的运营机制和岗位要求的变化，并根据这些变化对人才培养体系和人才培养目标进行相应改变，从而避免出现高校人才培养目标与企业实际需求出现偏差的情况出现，才能保证高校毕业生能够找到合适的就业机会。第三，第一时间了解科技在生产中的实际使用情况，避免知识传递滞后。随着科学技术迅速发展，更多更新的高精尖科学技术被引用到实际生产中，高职院校作为学生理论知识和操作实践的孵化园也需要与时俱进，职业教育的校企合作必须及时、新鲜，甚至做到校企"共时"和"共在"①，及时获取科学技术在生产中的使用情况。只有校企共建治理平台，高校教师走进生产线，获得第一手材料，才能更加及时、准确、直观地了解到科技在生产过程中的更新换代，补充知识漏洞，并将这些技术的发展反馈到教学中，调整教学计划，补充教学资料，进而避免在教学过程中出现理论脱离实践的教学盲目性和知识传授的滞后性。第四，建立实训基地，培养学生动手实践能力。建立校企合作关系后，企业往往会邀请高校的教师和学生到企业参观或直接参与到实际工作中，这为高校对学生的动手实践能力的培养提供了很好的实践场所，让教师和学生明确地了解到企业运营机制和岗位要求，对学生的实际解决问题的能力培养具有极其重要的作用。最后，共同研发项目，提高高校的科研能力。高校除了为学生传授理论知识和培养学生实践技能外，其另一个主要的工作就是科研，科研水平是影响高校办学水平的一个重要因素。与企业合作并及时研讨，发现科学技术在实际生产过程中仍存在的问题，共同商讨研究，黏合科研人才，黏合科研项目，黏合科研成果，不断创新，更新科研成果。

对企业而言，人力资源成本在企业的成本中占有极大的比例，为了追求利润的最大化，许多企业都希望能够有效地降低培训成本，希望高校毕业生一进工作岗位就能达到岗位的要求，而不需要再次对他们进行岗位培训。但是由于现阶段我国高等教育在对学生的理论知识培养方面具有一定的滞后性，而在对学生的综合能力和综合素质的培养方面也存在着许多不足之处，这与现代企业对人才的需

---

① 徐平利．职业教育的校企合作有效性探析[J]．职教论坛，2021，37（08）：47-54.

求存在着巨大的偏差。现在许多高校毕业生往往无法达到用人单位的岗位要求，需要企业对他们上岗前进行二次培训，这样大大增加了企业的人力资源成本，同时由于现在人才的流动性增大，许多企业在付出了沉重的培训成本之后往往无法获得应有的收益。这导致现在许多用人单位在岗位招聘时往往都会明确要求应聘者具有一定时间的工作经验，这种情况对高校毕业生来说是相当不利的，他们往往由于没有工作经验而很难找到合适的岗位，这也是现在高校毕业生就业难的主要原因之一。为了从根本上解决现在高校毕业生就业难的问题，就需要高校与企业之间建立起一种长期和稳固的校企合作关系，及时了解企业的运营机制与岗位需求和变化，将企业的人才需求作为高校人才培养的目标，以就业为导向不断完善高校的人才培养方案，培养出具有符合社会需要的经世致用的人才。首先，联合培养，减少人力资源成本。通过建立校企合作管理，参与到高校的人才培养体系中去，使得学生能够在毕业时达到其岗位要求，从而有效地降低了企业的人力资源成本。其次，资源共享，提高运营效率。企业的人力资源始终都是有限的，而高校则是人才的聚集地，有着企业没有的庞大的人力资源数量。通过校企合作关系的建立，高校和企业之间可以实现有效地资源共享，企业可以通过外包的形式将一部分工作交予高校来完成，这样不仅拓宽了高校的经济来源，同时也提高了企业的效率，而且对学生的动手实践能力的提高也起到了巨大的推动作用。然后，校企合作可以增强学生对企业文化的认同感，有效地减低员工的流动性，降低招工风险和成本。

对学生而言，了解岗位要求，制定职业发展规划。高校传统的闭门造车式的人才培养模式不仅在知识传授上具有极大的滞后性，同时也致使学生对企业的岗位没有详细的了解，没有一个完整的职业发展规划，甚至导致他们的职业发展规划是不切实际的，这对高校学生的发展是很不利的。只有建立校企合作关系，让学生走进企业，他们才能了解到他们适合什么岗位，发现他们现在还有哪些不足之处，以及如何规划他们未来的职位发展，这样他们才能找到他们适合的岗位，才能有更好的发展前景。参加企业实习，增加工作经验和就业能力。现在我国许多用人单位在岗位招聘时往往都会明确要求应聘者具有一定时间的工作经验，高校毕业生在这方面存在着明显的劣势，而且这是在短时间内无法改变的现状。只有通过建立校企合作，让学生能够在毕业前就到企业中参与实际的工作，获取一定的工作经验，才能有效地弥补他们缺少工作经验的缺陷，才能有效地提高他们在应聘时的竞争力[①]。

2. 校校培养

第一，经济全球化，急需国际化职业技术人才。我国各行各业"走出去""引进来"进程的加快，且不同国家局势复杂、文化多元，都直接指向我国需要大批复合型的国际化人才，需要懂技术，有国际视野，熟悉国际贸易规则、国际法和地域法律，能与海外企业和东道国政府进行谈判和有效沟通的高素质人才。但就现目前而言，我国符合该类型要求的人才缺口非常大，出现了"懂技术的只研究技术，熟悉国际贸易规则的只研究国际贸易规则"的不良局面。因此各国高职院校就应当加强合作，承担起培养复合型国际化人才的重任，让懂技术的人才同时也熟悉国际贸易规则等，真正培养出能促进人类命运共同体实现的高素质人才。

第二，打造国际化"双高"师资队伍，提高教师素养。在教学方面，鉴于我国高职院校国际学生培养起步较晚，而且国际学生属于非核心教学对象[②]，因此不论哪方院校，教师的国际化复合型综合素质都达不到任职标准。在需要懂技术，有国际视野，熟悉国际贸易规则、国际法和地域法律，能与海外企业和东道国政府进行谈判和有效沟通的高素质人才的背景下，更需要综合素质更高的教师。在教育方面，教师也应当根据不同国家学生的文化背景和需求进行教学，这是对教师和辅导员更加严峻的考验。通过互相借鉴，提高办学水平，增强国际竞争力。

3. 国国培养

在第十九届中国国际教育年会上，时任中国教育国际交流协会会长的刘利民以"教育是国家间交流对话的重要力量"为题，发表了演讲。时刻秉持人类命运共同体理念，深化教育国际合作交流。世界正处于百年未有之大变局，面临的问

---

① https://baijiahao.baidu.com/s?id=1675326107344763501&wfr=spider&for=pc.
② 李颖．"双高计划"下高职院校国际学生培养对策探究[J]．天津商务职业学院学报，2021，9（04）：80-86．DOI:10.16130/j.cnki.12-1434/f.2021.04.012.

题和挑战前所未有，任何一个国家都不可能单打独斗，独善其身。只有以合作代替对抗，以协商取代胁迫，建设大家庭而不是拼凑小圈子，坚持共商共建而不是搞赢者通吃，这个世界才有光明的未来。习近平主席提出构建人类命运共同体的理念，得到了国际社会的高度认同。教育领域也应针对共同问题提出深化交流与合作，充分利用教育这一培养人才和科学研究的高地提出合理化建议与思路，为建设人类命运共同体作出积极的贡献。适应信息化时代背景，思考未来教育发展趋势。新一轮科技革命和产业变革蓄势待发，全球正进入创新合作的活跃期和密集期。教育方面，人工智能、大数据、虚拟现实技术、5G、物联网，以及区块链技术等信息化的发展，为师生提供了更加丰富的课程资源和更加便捷的教学方式，更加个性化、更加终身化、更加开放、更加可持续的教育将有可能更快实现。同时，如何处理好传统的人文素养、意志品格和信息素养的关系，提高辨别是非、深度思考、有效学习的能力等，也是教育面临的重要课题。联合开展国际科研攻坚，推动发展成果共用共享。教育国际合作与交流就是一个从横向维度与时代对标的过程，能有效应对世界发展格局的变化和知识创新，促进全球人才流动，跨国家、跨机构、跨主体的对话和互动。联合科研合作是教育深度合作的体现，中国有自己的教育科研传统，世界各国也都有不同的教育科研理念和实践探索，尺有所短，寸有所长，既要弘扬自己的优良传统，又要借鉴他人的优势经验，这是合作共赢的逻辑起点。希望各级各类教育组织和机构携起手来，参与国际重大科学计划和科学工程，开展高水平联合科学攻关，在推进构建跨领域、跨国界的创新合作网络中发挥积极作用，推动创新成果开放共享，构建良好的创新环境。激发教育国际交流活力，推进中外人文交流内涵发展。教育合作交流是人文交流的重要组成部分，教育交流可以视为国家关系的"稳定器"、人民友谊的"播种机"、文明对话与人文交流的"传感器"，我们要多渠道深化教育交流与合作，勇于突破思维定式，创新合作交流模式，激发民间交流活力，推动形成多层次和广覆盖的教育交流格局。希望中外教育机构全面提升人文交流能力，丰富人文交流内涵，以语言互通、中外合作办学、高端领袖人才和青少年为重点，打造一批包容共享、和谐共生的人文交流品牌，真正使人文交流飞入寻常百姓家，让师生获得实实在在的体验感和获得感，在交流中培养国际化、创新型、复合型人才，在合作中促进中外民心相通与文明交流互鉴。

"同道而相益，同心而共济。"世界的和平繁荣归根结底取决于教育，取决于每一次前进道路上凝聚成的教育共识。教育现代化是我们的共同目标，独行快，众行远，为了实现目标，需要我们携手前行、开放共享、不懈奋斗。中国愿继续与世界各国一道，共画全球教育未来美好蓝图，为构建人类命运共同体作出新的更大贡献[①]。

职教故事是各国立足于本民族职业教育的人文底蕴和价值优势，与多元职业教育文明展开的跨文化交流磋商，是沿线国家在公共空间内的国家话语公共表达和文明成果宣传展示，其以具体可感的职教故事为载体、以公共利益为共同话题，旨在引起受众在认知上、情感上、态度上和行动上的转变。让职教故事在"一带一路"沿线国家之间进行传播和流通，能够为各个国家提供自我审视与他者认同的文化镜像，能够通过广泛的文明宣传增进各国文化的理解与认同，营造一种和谐互鉴的国际舆论生态，为实现持续深入的共商、共享与共建注入升级活力。总之，单打独斗、闭门造车式的"独角戏"发展模式已经不符合职业教育自身的发展诉求和国际产能合作对复合型人才的基本需求，沿线各国需要在秉持本国文化自信的基础上齐心协力，共同应对挑战[②]。

3.3　理论框架

（一）要素阐释

1. CEC 模式的设计思路

20 世纪 70 年代，德国物理学家哈肯（Haken）教授创立了协同学，提出了"协

① 刘利民. 教育是国家间交流对话的重要力量[J]. 神州学人，2018（11）：40-41.
② 易俊，杨娟，郑绍红."一带一路"职业教育国际行动中文明互鉴的意涵、价值与路径[J]. 教育与职业，2021（21）：35-41. DOI:10.13615/j.cnki.1004-3985.2021.21.005.

同"这一概念。协同学是一门新兴的系统学科，协同是复杂系统演进的内在动力。协同理论从提出到发展再到成熟，逐渐渗透和运用到各行各业中，经历了不同程度地修正和完善。1976 年提出协同理论，并广泛应用于教育学、物理学、经济学、管理学等领域，教育学领域是协同学理论应用较多的领域，1987 年李仲涟在《论心理的协同效应》中首次将协同学理论引入教学研究领域①。1996 年刘纯姣在《学校家庭协同教育构想》中提出了"协同教育"概念②。2006 年祝智庭等在《协同学习：面向知识时代的学习技术系统框架》中提出了"协同学习"的原则，即深度互动、信息汇聚、集体思维、合作建构、多场协调③。2008 年汤勇在《"多元合作人才培养"的内涵认识与探索》中分析了多元合作人才培养的内涵④。2013 年徐火军在《多元合作人才培养模式实施方略的探讨》中详细分析了多元合作人才培养的实施路径⑤。2013 年方文明等在《协同型职业教育观研究与运行体系初探》中分析职业教育的协同作业模式⑥。2015 年夏晋祥等在《多元整合实施职业教育协同办学》中提出，在职业教育"校企政行"协同办学中应该充分突出多元主体的作用⑦。2018 年马彦等在《多元协同育人——职业教育集团化办学的关键》中提出了通过协同育人，使各利益相关方结成利益共同体，共同参与集团内学校的建设管理，共同参与人才培养⑧。2021 年杨玥在《多元主体协同推进职业教育国际化的生成逻辑、内在机理及实施策略》中阐述了多元主体协同推进职业教育国

① 李仲涟. 论心理的协同效应[J]. 湖南师范大学社会科学学报，1987（5）：1-6.
② 刘纯姣. 学校家庭协同教育构想[J]. 怀化师专学报，1996（3）：328-330.
③ 祝智庭，王佑镁，顾小清. 协同学习：面向知识时代的学习技术系统框架[J]. 中国电化教育，2006（4）：5-9.
④ 汤勇. "多元合作人才培养"的内涵认识与探索[J]. 成都职业技术学院学报，2008（2）：77-78+82.
⑤ 徐火军. 多元合作人才培养模式实施方略的探讨[J]. 山东电力高等专科学校学报，2013（1）：55-58.
⑥ 方文明，罗来松，岳梅. 协同型职业教育观研究与运行体系初探[J]. 职业教育研究，2013（5）：67-69.
⑦ 夏晋祥，唐高华. 多元整合实施职业教育协同办学[N]. 深圳特区报，2015-05-12（B10）.
⑧ 马彦，徐刚. 多元协同育人——职业教育集团化办学的关键[J]. 广东职业技术教育与研究，2018（2）：95-96.

际化的内在机理和实现策略[①]。而在职业教育领域，尽管"多元协同"育人理念在实际操作层面稍有涉及，但在系统性梳理、理论层面应用创新提升的参考资料相对较少[②]。

协同理论提倡复杂系统诸要素或子系统间通过相互合作从而形成内驱力，其本质就是信息、资源和能量的交换。这一理论在社会科学的应用中强调各社会主体间的相互配合与共同合作。职业教育作为一种独立的教育类型，最终目标是培养技术技能型人才。因此与普通教育相比更加强调与社会经济发展紧密联系，这既是职业教育的"职业"属性，也是职业教育自身发展的优势。职业教育国际化的本质就是对各方拥有的优质资源进行共享、互补和整合。仅靠职业院校一己之力很难推进国际化，必然要吸引社会各方力量加入，从而实现教育资源的整合与互补，多元主体协同是实现优势互补和资源有效配置的重要途径。

推进职业教育国际化需要在多元主体协同的视角下来进行，尽可能地发挥多元主体的力量，通过各个主体之间的同步协作和优势互补，在一定的范围内打破主体之间体质机制、资源和文化理念等限制，实现主体之间要素和资源的协同效应，同时保证主体本身需求在协同进程中得到满足，进而达到各多元主体自身利益的协同共赢。为了解决上述高职院校国际化人才培养的问题，在综述协同理论、协同教育、协同育人等研究前提下，深入分析"多元协同"推进高职国际化内在机理，提出基于多元协同的高职院校国际办学 CEC 模式。可见，构建基于多元协同的高职院校国际办学 CEC 模式具有一定的理论研究价值和实践应用价值，对提升职业教育国际化人才培养的国际竞争力也具有重要意义。

2. CEC 模式的要素内涵

基于人类命运共同体理论、职业教育跨界融合理论、产业链+创新链+教育链融合理论，运用协同方法论，在国与国基于文明互鉴、兼蓄包容的理念基础上，构建 CEC（College & Enterprise & College）模式，"CEC"分别代表实施国际合作

---

① 杨玥. 多元主体协同推进职业教育国际化的生成逻辑、内在机理及实施策略[J]. 教育与职业，2021（6）：35-38.

② 董刚. 协同理论视角下区域职业教育发展机制研究[J]. 职教论坛，2020（11）：140-145.

的三方主体：

（1）第一个"C"是以国内职业学院为牵头单位的中方职业教育机构。国内职业院校以国际化的职业教育理念为指导，制定学校国际化发展规划，提出国际化发展目标和实施策略，通过组织访学游学、国际会议，以及开展国际合作办学等多种方式进行国际交流与合作，吸收更多的国际先进经验，培养符合我国社会和经济建设需求的国际化人才，促进学校内涵发展。职业院校要积极寻求国内外各方力量参与国际化合作，整合优质资源，遵循国际化人才培养规律，更好地为经济社会发展服务。

（2）"E"即包括政府机构、社会组织、行业企业等在内的合作机构。

首先，政府是国家机构的领导者，具有公权力，对资金、信息、制度等资源有着管理和调配的权力。在职业教育国际化推进过程中，政府部门作为重要的推手之一，为职业院校提供政策支持和财政补贴，是职业院校重要的支持和保障。

其次，企业主要是具有先进设备和高技能人才等资源优势的国内外知名企业，有责任参与、引导和监督职业教育国际化的具体实施。对职业教育国际化起到推动作用的企业主要包括以下三类：其一，国内知名企业。例如中兴、华为、海尔等都是享有很高国际声誉的跨国企业，均拥有包括管理方式、创新思维、科研等方面的国际化资源，可通过产学研合作或经费支持的方式为职业院校注入新的活力。其二，外国企业国内分支机构。目前，世界 500 强企业几乎都在我国成立了相关分支机构，形式包括研发机构、工厂和独资公司，拥有完整的国际化管理方式，需要大量的国际化人才作为支撑，也能为职业院校国际化提供一定的资金和技术支持。其三，国外企业。从培养国际化人才的角度来看，寻求与国外企业合作的机会，培养出具有与国际市场高匹配度的国际化人才，是一条可行且有效的途径。

最后，其他社会组织机构。其他社会组织机构包括行业组织、国际组织、研究机构、培训机构、留学中介和媒体等，他们可以提供有利的国际化信息，发挥在职业教育国际化中的协调、推广、监督和评价作用，为职业院校持续国际化提供强劲动力。其中行业协会是介于政府与企业之间、商品生产者与经营者之间的社会中介组织，它主要起问询、协调和监督作用。行业协会作为职业教育国际化的参与主体之一，在参与职业教育国际化过程中，最希望职业院校的国际化专业设置和人才培养目标能够更加贴合本行业发展的实际，能够为本行业领域培养适用的人才。与此同时，行业协会还希望职业院校在国际化人才培养过程中，渗透和宣传行业的发展动向、文化品质，增加学生毕业后从事本行业相关工作的兴趣等。此外，行业协会希望职业院校能够参与本行业的技术攻关，推动行业技术革新。[①]

（3）第二个"C"具体指国外职业教育机构，包括国内外合作院校和私立教育集团。既包括有主动意愿，希望走进中国来输入优质资源的机构，也包括有希望将中国职教资源输入到国内、提升自己国内的职教水平、服务本土企业和中国走出去的企业。

（二）结构分析

1. CEC 模式的结构关系

（1）校企互嵌。为深化"一带一路"国际合作，进一步拓宽学校国际合作视野，主动服务"走出去"企业需求，校企合作必须基于"产教融合，优势共享、合作共赢、共谋发展"的国际化校企合作机制，培养具有国际视野、知晓国际规则的高素质技能型人才。

作为职业院校，首先要树立校企合作协同推进职业教育国际化的办学理念。在经济全球化的大背景下，结合信息化时代特征，大力开辟国际化办学新渠道，打破现有合作主体单一和分散的现状，重新组织和优化各种优质的合作教育资源，积极吸引海内外潜在的合作伙伴，建立合作关系，深入探寻合作领域，加深合作深度。职业院校还应具有为参与者服务的理念，主动为他们提供所需要的服务。此外，职业院校在国际化建设中，还要充分考虑不同主体的自身情况，积极挖掘合作内容和合作模式，进行全方位、深层次的合作。邀请行业组织和

---

① 杨玥. 多元主体协同推进职业教育国际化的逻辑理路及路径[J]. 天津中德应用技术大学学报，2021（3）：61-64.

国内外企业的业务专家以及国内外院校的知名学者一起制定人才培养目标以及最佳的培养方案，构建合理且规范的教学模式。在此过程中，务必要考虑到专业的发展，而核心课程的制定要参照国际标准，各专业要基于各自所具备的特征，结合社会需求现状，制定相应的教学和实践模式，从而确保能够与国际企业发展现状相匹配，保证学生学有所用。校企合作项目主动向两国政府备案、申请资金支持、邀请指导和申报成果。合作项目对接两国产业发展和学校专业优势，服务中资企业走出去。

政府是国家机构的领导者，具有公权力，对资金、信息、制度等资源有着管理和调配的权力。在职业教育国际化推进过程中，政府部门作为重要的推手之一，为职业院校提供政策支持和财政补贴，是职业院校重要的支持和保障。政府层面应当对职业院校国际化有新的认识和理解，要重新定位，鼓励社会力量共同推动职业院校国际化，不断开创教育对外开放的新格局。在多元主体协同推进职业教育国际化过程中，政府的首要任务就是创造良好的外部环境，并从税收倾斜、提供场地、保护知识产权等政策上予以鼓励和支持，从根本上保障其发展。政府可以为职业教育发展提供大量的可用信息，能够极大地推进职业教育国际化的发展。随着信息技术的飞速发展和大数据时代的到来，政府可以通过基础信息平台获取全球的信息资源，包括最前沿的科技信息，并根据信息技术的发展趋势以及国家经济和社会发展需要为职业教育国际化指明方向。例如，政府牵头建立各地区行业、产业的企业信息库以及国家和地区职业院校信息库、职业院校优势专业群信息库等，为各职业院校、行业企业等搭建沟通桥梁和信息交流平台。政府还可以通过开展一系列合作项目吸引国内外院校、企业等合作伙伴参与，加深国际交流合作的深度，推动职业教育国际化的发展。与沿线国家的政府部门沟通协调，疏通教育合作交流的政策性障碍等，统筹国内外多元主体资源，寻找合作重点，建立运行保障机制。其次也通过高等职业教育国际合作能够为本国职业教育创造新的发展机遇，进而助推政府部门更好地履行职业教育管理使命。

对于社会机构、行业企业而言，通过参与高等职业教育国际合作，能够融入高等职业教育人才培养过程，将自身的用人需求渗透进职业教育人才培养方案之中，有助于培养出社会机构、行业企业真正需要的劳动者。因此，能否真正使多方合作主体都能够在 CEC 模式中实现其需要，是这一模式顺利运行的关键要素之一。企业对于推动本地人才培养和经济发展模式转变具有导向和推动作用。在参与职业教育国际化的过程中，企业根据自身的发展规划选择合适的职业学院进行合作，共享信息资源，对优秀毕业生有优先选择的权力，通过合作培养国际化人才和梯队建设，企业的技术人员与职业院校的教师共同形成师资团队，完成国际化人才的培养。企业开放自身的硬件资源，跨国企业或国外企业向合作院校的学生开放自身的海外实习及就业机会。教育部在印发的《推进共建"一带一路"教育行动》中明确指出了企业应该采取的措施，即企业应尽可能和学校进行合作，积极"走出去"，不要拘泥于眼下，要和学校合作培养人才，积极进行科技创新，同时加快促进成果转化，为"一带一路"作出贡献，带动国家经济发展。通常情况下，企业要想在最短的时间内融入职业院校的发展，最直接且有效的手段就是产教融合、校企合作。以区域产业经济发展对人才的需求为前提，企业应主动与职业院校展开合作，利用职业院校的优质资源，为企业提供人才、咨询、技术升级和科技成果转化等服务，实现互利互赢。

　　行业协会是职业教育国际化的参与主体之一，对行业信息动态非常敏感。以实现行业的共同利益为目标，协调协会内各企业与社会产业之间的关系，具有非盈利和互利性的特点，也是因为这些特点恰恰为职业院校的国际化打下了良好的基础。首先，行业组织应当强化自身为行业内企业和职业院校国际化的发展提供帮助和支持的职能，提高行业协会与企业和职业院校合作的意识。其次，政府应当引导行业协会参与到职业教育国际化当中来并发挥重要作用，对行业协会在参与国际化过程中的作用加以补充和扩大，如制定必要的规章制度、对职业院校和企业的责任进行认定、对职业技能进行认证并颁发相应的职业资格证书等。行业协会作为一个行业权威，在参与国际化建设中被赋予了很高的期望，它能够站在行业的高度，根据行业特点对职业院校专业设置、课程建设、学生职业素养、实习就业等方面给予指导，使合作形成长效机制。

　　（2）校校联动。作为职业教育的执行主体，可以实现校内、校际教育资源的优化组合。在国际化进程中，主要教育实施者和人才培养平台在推进职业教育国际化过程中具有关键作用。国内职业院校之间有着同样的文化背景，可以在交流国际化信息和办学经验等方面互通有无，且沟通方便、成本较低。与国外职业院校可以通过学习交流、师生互访、中外合作办学及科研合作等途径推进职业院校国际化。学校可以提供国际化教学资源平台，通过"线上+线下、国内+国外、学校+企业、校内+校外"相结合的方式配置教学地点，共同开展学历教育、非学历教育、技术服务和研发。

校与校合作是在国与国维度成功对接基础上的进一步深化，是实现职业教育协同育人的重要举措。职业教育国际合作要落地实施，必须要有强大的人才资源，而培养复合型高质量的技术技能人才是职业教育的使命和职责所在。学校更是职业教育孵化和实践的"温床"。因此，在各方国家统筹规划指导下，参与职业教育国际合作的国内职业院校和国外职业院校要在课程设置、师资队伍建设、课程资源开发、人才培养方案等方面进行合作共商，避免职业教育资源的重复性开发和无效建设，以合作共享共商来实现精准定位和合作共赢。以开放包容的态度共商共建能够满足经济发展需求的国际化特色课程，兼顾开发不同国家民族文化习俗方面的文化通识课和跨文化交流的专业化课程，并与国外职业教育专家共同编写适用性教材，实现资源共享，更好地服务于职业教育的发展和经济社会的进步。

2. CEC 模式的内在运行机理

推演"多元协同"推进高职业教育国际化内在机理是构建高职 CEC "多元协同"国际化育人模式的前提。具体来说，主要涵盖多元主体战略协同、需求协同和组织协同三个方面。推进高等职业教育国际化发展，主要是通过政策制度、需求信息的交流和贯通，实现各主体间信息、制度、模式等资源的充分整合，最终实现战略协同、需求协同与组织协同。国际培养涉及国内外学校、各类企业、政府和其他社会组织机构，因此必须依据国际公约等国际标准要求，契合走出去企业国际化发展和人才需求，制定高职国际化人才培养及与之相适应的策略，促进各主体实现"满足需求和承担责任"的多赢局面。运用协同论和生态学理论，根据"多元协同"推进高职 CEC 职业教育国际化发展，构建由生态核——高职 CEC 人才培养，生态因子——平台、资源、评价制度和人才培养模式，生态链——校企合作、校校合作、产业学院、中外合作等，生态圈——校企国际化合作联盟、行业教育国际集团、国内外企业、政府、等国际组织及相关机构，共同组成的高职"多元协同"国际化人才培养生态系统，形成高职 CEC 职业教育命运共同体[①]。

总的来说，所谓 CEC 模式，即由国内职业教育院校、国外职业教育院校与机构、国际国内相关政府机构和行业企业等多元主体协同推进的高职教育国际办学合作的模式。具体来说，通过构建制度体系，保障协同合作顺利地开展；通过设定主体职责权限，提高主体间协作水平；通过搭建互动平台，丰富主体间的沟通渠道；通过丰富载体，拓展合作的深度和广度；通过开发教学资源，贯穿"课堂、教室、课程、教师"全过程，为国际产能急需技术技能人才培养提供资源供给；通过制定灵活多种教学模式，适应不同国别的人才培养方式；通过建立多元的评价制度，促进协同合作的良性发展，开展事前、事中和事后评价，为"国际合作平台、教育教学资源、人才培养"提供保障。CEC 模式是一个由国内职业教育院校、国外职业教育院校、政府机构、社会机构、行业企业等多元主体共同参与、协作共赢的国际合作模式。这一模式得以成功运行的一个重要基础就是各个参与主体积极性的充分发挥，也就是要激发出各个主体参与高等职业教育国际合作的内在动力。通过平台、资源、人才培养和评价等多种要素的协同配合下，形成了 CEC 多元协同运行机理。"多元协同"推进高职教育国际化具体表现为培养目标的国际化与多元主体职能的协同化。通过各个主体之间的同步协作、优势互补，在一定的范围内打破主体之间的体制机制和资源供给等方面的限制，实现主体之间要素和资源的协同流动，同时保证主体本身需求能够在协同进程中得到满足，进而达到多元主体自身利益的协同共赢。

从职业教育国际化的发展过程来看，政府往往扮演的是主导者的角色，而学校则是依附于政府的角色，其他主体是被动参与的角色，这样很难形成和谐、融

---

① 方诚，季永青，陈兴伟. 高职航海类专业"多元协同"国际化育人模式探索与实践[J]. 中国职业技术教育，2021（17）：64-68.

洽、持久的合作关系。只有使各主体处在平等的位置上，明确角色定位，才能协同合作，顺利推进职业教育国际化的繁荣发展。政府、职业院校、企业和行业协会是职业教育国际化的主要参与者，在协同理念的指引下，他们的角色定位都会发生变化。对学校来说，通过协同合作可以增强自身吸引力和竞争力，提高人才培养水平，打通学生就业渠道；对企业来说，在各项创新活动中，人才是核心要素，企业的核心竞争力主要靠人才。企业要运用自身拥有的优质资源培养高水平技能人才，并以此来承担社会责任，塑造良好形象来回馈社会。其他社会组织应当认识到人力投资的重要性及所能获得的长远利益，将参与职业教育国际化看作是对自身未来发展的一种投资。通过树立对协同合作的正确认知，在全社会营造出良好的合作氛围。在合作过程中，参与主体要彼此信任、互相支持，以多种方式开展合作。

第4章 高职国际合作 CEC 人才培养新范式的运行机理

4.1 平台建设

基于"文明互鉴"理念，通过对接合作需求，依托行业优势和专业特色，深入研究合作国职业教育政策、职业准入制度、劳动力市场以及法律法规，与国际企业和院校搭建渠道畅通、运行有效、方式多样的 CEC 国际合作平台，实施国内外院校提供师资、教学内容、校内实训和理论指导，企业提供技术、人员、实训场地或资金的三方协同合作机制，为国际产能急需人才培养提供支撑。平台建设按可行性论证、建立组织机构、签订合作协议、创新管理机制、强化政策保障五环节开展。

（一）可行性论证

构建国际合作平台应的可行性三级论证机制。一是部门内部论证，项目牵头部门需对项目内容、项目优势等进行可行性论证分析；二是多部门协同论证，项目牵头部门协同教务处、财资处、相关二级学院等部门就项目经费、专业发展需要等内容进行多部门协同论证；三是校级论证，项目牵头部门提交校长办公会、党委会进行论证。校级论证通过后，方可进行平台建设和项目实施。

以重庆工程职业技术学院（后面简称"我院"）中外合作办学机构——智能制造国际学院为例。2019 年学院与俄罗斯莫斯科国立工艺大学（斯坦金）、北京华晟经世股份有限公司洽谈合作举办中外合作办学机构。论证过程分为三步：

一是国际交流与合作处牵头成立项目论证小组，就俄罗斯莫斯科国立工艺大学（斯坦金）办学背景、优势专业、师资队伍等进行全方位可行性分析。莫斯科国立工艺大学（斯坦金）创建于 1930 年，是国立应用型综合大学，是世界上具有较高办学水准的高等院校，专门培养金属切削机床及其工具方面的高水平设计、制造和管理技术人才，也是中国教育部承认学历的俄罗斯正规大学。它是俄罗斯最杰出的工业大学之一，俄罗斯理工科高等院校中排名第二，俄罗斯第一批实施多层次办学（包括学士、硕士、博士及工程师）的高校之一。机械工程是学校强势学科，合作专业机电一体化和机器人技术、信息学和计算机技术属于机械工程系，是学校的优势专业。该专业合作对象有俄罗斯的大型机械制造企业以及波音、空客、西门子、德国海德汉（Heidenhain）等 100 多个世界知名企业。论证结果为俄罗斯莫斯科国立工艺大学（斯坦金）满足我院举办中外合作办学要求。

二是组织教务处、财资处、智能制造与交通学院、大数据与物联网学院等部门就合作专业、项目优势等进行多部门协同论证。创建智能制造国际学院，中俄两校在相关学科实现交叉融合、优势互补，联合企业针对教育教学和实践研究进行统筹规划、整体设计、分工协作、有效衔接，探索并建立一套有效的体制机制。通过联合两校强势学科专业，结合重庆江津区产业需求，构建"专业技术+人文素养"虚实交错的现代学徒制人才培养模式、"工业软件+智能制造"相融合的课程体系，创新培养通晓国际规则，掌握国际先进技术的国际型卓越工匠。我院机电一体化技术专业是重庆市高职高专教育特色专业，是国家第二批示范性高等职业院校建设单位"重点建设专业"，是重庆市骨干专业、重庆市优质高专核心建设专业，是国家级骨干专业，是"中国特色高水平专业群"核心建设专业。工业机器人技术专业为我院"双高"专业群的专业，是产业急需新兴专业。软件技术专业是重庆市重点建设专业。该专业将重点培养"工业软件"技术技能人才服务智能制造产业需求。论证结果为学院就机电一体化技术、工业机器人技术、软件工程技术 3 个专业与莫斯科国立工艺大学（斯坦金）合作可行。

三是提交校长办公会、学校党委会进行校级论证。校长办公会、学校党委会就中俄智能制造国际学院实施内容、经费、优势和挑战等进行论证分析，同意实施该项目。

（二）建立组织机构

为推动平台的稳步发展，需建立健全国际合作组织架构，并制定章程。对于不涉及学生、教学管理的国际合作平台建设，设立国际合作工作委员会；对于涉及学生、教师、教学管理等的国际合作平台建设，需设立国际合作委员会、行政负责人、学术委员会。

章程主要内容包括：简介、基本职能、组织机构、运行机制、权利与义务等。

国际合作工作委员会对于项目的整体管理具有决定权，具体包括：选举委员会的成员；聘任、解聘平台负责人；解释和修改章程及其他相关管理文件；制定平台发展计划和批准年度工作计划；批准平台财务年度预算和费用；决定平台的分立、合并、终止；"章程"规定的其他职权。国际合作工作委员会成员由中方和外方共同组成。中方成员组成包括：学校校领导，国际处、教务处、人事处、学生处、相关二级学院领导；外方成员组成包括：外方校领导，国际部、专业系部负责人等。

行政负责人就以下事项对国际合作工作委员会和学院负责：执行国际合作工作委员会决定；实施发展计划；草拟年度工作计划、财务预算和管理安排；学院员工的聘用和解聘；组织教学、实习（或实践）和科研活动，确保教学质量；日常行政工作；联合管理委员会赋予的其他工作。

学术指导委员会作为学术质量监督机构，监督机构教学质量，监督教师的教学与考核、机构的学术标准和毕业要求的遵守情况。

以我院中外合作办学机构——智能制造国际学院为例。学院与俄罗斯莫斯科国立工艺大学（斯坦金）共同成立联合管理委员会、任命学院院长、成立学术管理委员会。联合管理委员具有并实施最高监督和决策职能；学术指导委员会实施教学监管和测评职能；院长实施日常管理职能。合作办学机构管理机构名称为联合管理委员会（以下简称"管委会"），管委会由重庆工程职业技术学院和莫斯科国立工艺大学（斯坦金）共同组成，由 11 名委员组成，席位分配如表 4-1 所示。

表 4-1 联合管理委员会的人员组成

机构名称	人数和席位类型
重庆工程职业技术学院	6 个席位，其中 1 席位为管委会主任，5 席位为管委会成员，均为重庆工程职业技术学院正式教职工
莫斯科国立工艺大学（斯坦金）	5 个席位，其中 1 席位为管委会副主任，4 席位为管委会成员，均为莫斯科国立工艺大学（斯坦金）正式教职工

智能制造国际学院院长负责管理学院日常事务，院长必须是中国公民并居住在中国。院长由重庆工程职业技术学院提名，联合管理委员会批准通过，任期 3 年。

学术指导委员会由双方各自推荐两名学术人员，并经管委会通过后成立。学术指导委员会的工作会议不设立固定会议时间，但每学期至少举行一次会议。

（三）签订合作协议

确定合作开展实施前，双方签订合作协议，为项目建设提供法律保障。项目实施前期双方签订中英文（或其他语言）版合作框架协议确定合作主要内容，成熟后再签订项目协议保障项目落地实施。

框架协议内容主要包括合作目标、合作内容、双方权利与义务等。项目协议内容主要包括合作双方简介，项目背景，项目内容，合作模式，双方权利与义务，质量保障，协议的修订、期限、终止及不可抗力等。

同样以我院中外合作办学机构——智能制造国际学院为例。学院与莫斯科国立工艺大学（斯坦金）签订中俄双语框架协议，明确双方院校合作意愿。然后签订中外合作办学机构协议。协议明确指明甲、乙双方同意合作建立一所重庆工程职业技术学院全权所有的二级学院（非独立法人中外合作办学机构）——"重庆工程职业技术学院智能制造国际学院"（以下简称"智能制造国际学院"），明确了智能制造国际学院的法律地位、管理模式、行政组织架构、资产所属、定期评估；明确了项目内容、毕业证书发放、课程设置、教学安排、项目扩展；明确了机构运作、管理架构；明确了学生入学与考核、教职工管理及聘用、学院设施、知识产权、经费管理、保密条款、违约责任、变更与终止等。

（四）创新管理机制

根据职业教育国际协作育人的需要，学院创新管理协同机制，即"校企校"三方协同机制、学院多部门协同机制。"校企校"三方协同机制是指国内学校和国外学校为合作主体，充分发挥各方的优势，负责日常管理工作，决策内部事务，共同完成教学、实训、职素教育、专业发展和团队管理等管理工作；合作企业方配合合作院校开展学生联合培养，接收学生实习实训，实现产教融合，三方共同参与，提高人才培养质量。学院多部门协同机制是指学院各部门协同合作、共同实现项目管理，即国际处负责项目的整体协调、项目洽谈及事前评估、外事管理等工作；招生就业处负责学生招生录取等工作；教务处负责项目教学审核与评估、教学安排、毕业证发放等工作；财资处负责项目经费论证、经费预算及实施等工作；相关二级学院负责项目具体实施，包括专业论证评估、日常教学、人才培养方案制定、实习实训安排等，及其他相关部门的协同管理。

以我院中外合作办学机构——智能制造国际学院为例。"校企校"三方协同方式为我院负责学生招生录取、毕业证发放、教学实施管理、教师管理、校园管理等；莫斯科国立工艺大学（斯坦金）负责教学协同管理，包括负责 1/3 以上核心课程的教学、外籍教师的委派等；北京华晟经世股份有限公司负责提供校内外实训基地，优秀学生可赴俄方参观并使用俄方实训室。

学院多部门协同机制为学院成立智能制造国际学院，国际处负责智能制造国际学院与俄罗斯对接工作、外籍教师管理、外事相关工作等；招生就业处负责智能制造国际学院学生招生录取；财资处负责智能制造国际学院财务预算与决算等；教务处负责智能制造国际学院教学安排、毕业事宜等；学生处负责智能制造国际学院学生校园管理等；智能制造与交通学院、大数据与物联网学院负责学生人才培养方案制定、日常教学工作、实习就业等。

（五）强化政策保障

学院在推行 CEC 国际化平台建设中，紧密围绕国家教育对外开放方针政策，服务国家"一带一路"倡议，对照教育部、重庆市政府、重庆市教育委员会等政府部门发布的文件中对国际化建设提出的政策及具体工作、指标要求开展工作，并积极制定学校相关管理文件，强化政策保障（见表 4-2）。

表 4-2　政策保障一览表

序号	政策层次	文件名称
1	国家层面	中国特色高水平高职学校和专业建设计划项目
2	国家层面	教育部等九部门印发《职业教育提质培优行动计划（2020—2023）》
3	市级层面	重庆市高水平高职学校和专业群建设计划项目
4	市级层面	重庆市国际化特色项目
5	市级层面	重庆市人民政府外国留学生市长奖学金丝路项目
6	学校层面	《重庆工程职业技术学院教师出国（境）研修管理办法（修订）》
7	学校层面	《重庆工程职业技术学院出国任教教师管理办法（试行）》
8	学校层面	《重庆工程职业技术学院赴境外交换学习的课程认定及学分转换管理办法（试行）》
9	学校层面	《重庆工程职业技术学院学生奖学金管理办法（修订）》
10	学校层面	《重庆工程职业技术学院全英教学课程建设与认定办法（试行）》
11	学校层面	《重庆工程职业技术学院在线开发课程建设管理办法（修订）》

以我院中外合作办学机构——中俄智能制造国际学院为例。学院在国家、市级政府方针政策指导下，结合学院实际情况，在现有国际合作管理文件基础上，进一步完善管理制度，制定《重庆工程职业技术学院中外合作办学机构章程》《中共重庆工程职业技术学院委员会关于加强中外合作办学党建工作的实施办法》等，明确各方责任和义务，加强中外合作办学党建工作，保证我院的办学主体作用和正当权益。

俄方在政策保障方面，双方约定：俄方需与中方共同制定教学计划；提供优质教育教学资源；开展教育教学活动，保证教育教学质量；负责为本机构已在中方注册的学生在俄方办理学籍注册；负责选派符合资格的外籍教师到中方进行授课；与中方共同负责学生毕业的组织与指导；颁发俄方结业证书。

4.2　资源建设

基于"三方共建"理念，开发 CEC 教育教学资源包，贯穿"课堂、教室、课程、教师"全过程，为国际产能急需人才培养提供资源供给。通过自主研发云课堂，建设虚拟实训中心和远程教学中心，与重庆市教育评估院、国内外企业院校等合作共同开发"中文+职业技能"课程资源包，建立国际混编师资团队，全方位为国际化人才培养提供资源供给的问题。

（一）自主研发云课堂

1. 建设目标

开发一批信息技术与教学深度融合的教管一体化平台（包含但不限于教学文件管理、线上线下混合式教学平台、集体备课平台和教学质量服务平台），实现伴随式采集教学资源应用、教学过程等数据，形成教学大数据，创新具有精准推送、个性化服务等功能的智慧教育教学融合应用，推动教学模式改革，实现资源建设应用水平提升与教育教学模式创新。

2. 建设内容

开发教学文件管理、线上线下混合式教学系统、集体备课系统、教学资源评价系统和教学质量服务系统，建成校级教学大数据。一是建设教学资源评价系统，包括开发教学资源建设审批系统、开发教学资源评价系统、建设学生应用评价系统、资源动态监测；二是建设教学过程监测系统，包括建设教学文件管理评测系统、升级基于线上线下混合式教学平台；三是建成教学信息推送系统，包括将教学平台与学校智慧校园 APP 消息中心对接、开发教学一张表系统、开发学业预警系统。

以我院自主研发中泰职业教育联盟云平台为例。我院自主研发中泰职教联盟在线课程云平台（如图 4-1、图 4-2），平台支持中文、英语、泰语三语。平台旨在服务中泰职教联盟成员单位实现教学资源共建共享。平台设置中英泰三语登录端口；建设包括视频、PPT、试题等教学资源；实现联盟成员院校云参观；设置模拟测试、考务中心和联盟名师等内容，实现了信息技术与教学深度融合的教管一体化国际平台。

图 4-1　中泰职教联盟云平台登录界面

图 4-2　中泰职教联盟云平台课程界面

（二）建设虚拟实训中心、海外远程教学中心

1. 虚拟实训中心

（1）建设基础。学校应具备信息化基础可支撑虚拟仿真实训基地的建设、基地建设队伍满足虚拟仿真实训基地建设的需求，教师队伍结构合理、素质优良，教师信息化教学能力较强，虚拟仿真资源建设开发能力强，具有丰富的虚拟仿真教学和运用能力。

（2）建设思路。立德树人，创新三全育人的新模式；育训并举，完善实践教学的新体系；共建共享，构建协同创新的新平台；虚实结合，建成科技引领的新基地；校企合作，研发虚实相融的新项目。

（3）建设内容。硬件设施建设：根据建设的虚拟实训中心教学功能、实训功能配备必要的硬件设施；软件设施建设：围绕虚拟仿真实训基地需求，建设教学过程管理软件、虚拟仿真软件管理软件、大数据分析与管理软件、应用软件等，运用计算机网络技术、数据存储技术和快速数据处理技术，构建理虚实一体化虚拟仿真教学管理云平台，支持"理论+实践""线上+线下""校内+校外"的全教学场景，真正做到教学资源"管起来"和"用起来"。

以我院智能装备与先进制造虚拟仿真实训基地为例。我院智能制造与交通学院结合学校"中国特色高水平高职学校和专业建设计划"高水平专业群——机电一体化技术专业群建设，与企业、区域内高职院校合作，按照"共建共享·辐射带动"的原则，建成国内一流，具备教育教学、实习实训、技能竞赛、师资培训、资源研发等多种功能于一体的虚拟仿真实训基地。该基地占地总面积 1200 平方米，总体架构"一平台·一馆·两中心"，升级技术先进、功能完善的虚拟仿真实训管理云平台，建设集高端智能装备、先进制造、智能产线、协同制造等实训内容于一体的虚拟仿真实训中心，打造经验丰富、技能精湛的 VR+特色专业课程师资队伍，打造课程思政与职业素养培育馆，打造虚拟仿真资源研创中心。学院从基地硬件和软件设施方面大量投入。硬件方面，智能装备与先进制造虚拟仿真中心可用于教学、实训、培训、校企合作等。软件方面，围绕虚拟仿真实训基地需求，运用计算机网络技术、数据存储技术和快速数据处理技术，构建理虚实一体化虚拟仿真教学管理云平台。虚拟仿真中心设备配置及平台拓扑图见表 4-3，图 4-3。

表 4-3   智能装备与先进制造虚拟仿真中心设备配置一览表

项目	名称	参数	数量（台、套）
	台式工作站	数据计算和分析	196
	3D 大屏	整体式或拼接式，3D 图像显示	4

续表

项目	名称	参数	数量（台、套）
智能装备与先进制造虚拟仿真中心硬件建设	3D 眼镜	通过频繁切换使双眼分别获得有细微差别的图像，生成立体图像	196
	图形显示器	用于显示 3D 内容	196
	虚拟眼镜套装	接收 3D 显示信息	196
	中控服务系统	3D 教学与实操中央服务与控制系统	4
	触控教学一体机	屏幕触控式教学	4
	多媒体教学讲台	3D 教学	4
	工位套装	包含 49 张工作椅，8 张六边桌	4
	交换机	——	4

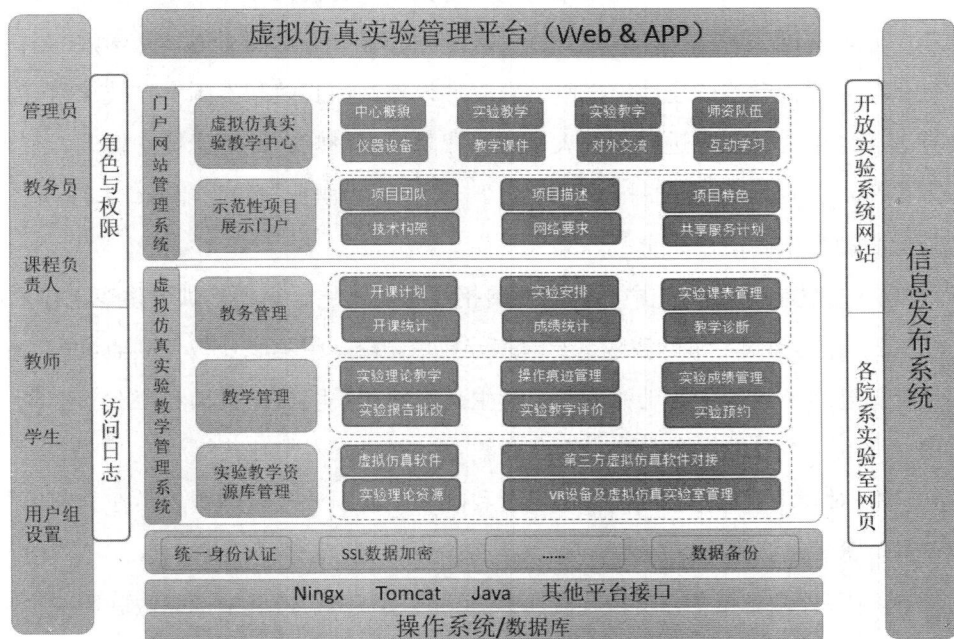

图 4-3　虚拟仿真管理平台拓扑图

2. 海外远程教学中心

教育交流与合作作为国际合作中重要的组成部分，面临着巨大的挑战，合作交流形式、内容急需进行变革，以应对新形势、新常态。尤其是当前，世界疫情进入防控常态阶段，国际形势面临百年未有之变局，国内院校建立海外远程教学中心促进教育间相互交流已成为一大趋势。海外远程教学中心建立步骤如下：

（1）调研海外教育市场，与海外合作院校或企业洽谈，选定中心建立位置。

（2）形成海外远程教学中心建设方案，其中包括建设可行性分析、建设地址、合作院校或企业、明确双方职责、建设预算等内容。

（3）根据建设方案，海外企业或兄弟院校提供中心建立软硬件设施，其中包括场地、电脑设施、学习软件等。

（4）建设线上教学资源，通过海外远程中心实施线上教学、技术技能培训等。

以我院泰国海外远程中心为例。依托中泰职教联盟，我院与泰国东方技术学院建立长期合作机制，2019 年在双方共同协商下建立泰国东方技术学院海外远程教学中心。泰国东方技术学院海外远程教学中心设立于泰国东方技术学院，由泰国提供学生远程学习的场地、电脑等软硬件设施，由我院和泰国东方技术学院共同管理。该中心旨在为进一步扩大联盟与我院在泰影响力，汇聚优势资源、整合多方力量，将中泰职教联盟打造为服务"一带一路"职业技能交流合作共享平台。海外远程教学中心工作职责：

（1）招生宣传：依托中心在泰开展招收学历学生、短期培训学生等工作。

（2）课程建设：协助我院、泰国东方技术学院、中泰职业教育联盟进行精品在线课程建设，组织中心工作人员及学生、泰国相关院校、机构专家对新建课程试用、评估，充分发挥中心在中泰职业教育远程交流中的独特优势。

（3）对泰项目接洽：依托中心负责我院和中泰职业教育联盟成员在泰项目的推进与接洽。

（4）海外教学事务：承担我院海外办学教学任务，开展中泰职教联盟院校联合技能、语言、文化培训。开展学生联合主题培训、邀请相关领域专家对中方教师进行培训等。

（5）线上交流活动：以中心为依托，组织中泰双方院校领导、相关部门机构举行线上会议，促进中泰间职业教育合作交流。

疫情以来，我院依托海外远程教学中心在共同抗击疫情、职业教育课程合作、国际留学生招生、校际交流等方面做了尝试，依托该中心组织十余所联盟内院校参加了泰国东方技术学院举办的多项线下推介活动，其中包括泰国规模最大的"E-TECH Fair 集市暨招生宣传活动"。

（三）开发"中文+职业技能"课程资源包

致力开发、共享"中文+职业技能"课程国际资源，以此推进职业培训，培养一批既懂汉语又懂专业的国际化人才，服务"一带一路"沿线国家。开发步骤如下：

1. 设置"中文+职业技能"课程国际标准指南

包括课程简介、课程性质、课程理念和功能、课程目标、课程结构、课程内容、实施建议、评价建议、课程资源等内容，为课程国际标准建设提供指导性文件。

2. 建设"中文+职业技能"课程国际标准

学院根据自身优势专业，组建学院专业教学团队、行业协会、外向型企业、兄弟院校等相关国内外专家组成的开发团队，开发课程国际标准。所制定的标准完成泰国、德国等国家第三方认证，并推广到泰国、巴基斯坦等"一带一路"沿线国家。

3. 建设课程资源包

包括视频资源、题库资源、PPT、教材等教学资源。

4. 实现"中文+职业技能"课程国际标准第三方认证

组织评估院、国内外行业组织等第三方机构对课程国际标准进行认证，发布认证证书。

以我院中泰职教联盟"中文+职业技能"在线课程资源为例。我院组织中泰职教联盟成员单位致力于共同开发中泰职教联盟"中文+职业技能"在线课程标准体系，中泰职教联盟专业职业汉语课程标准指南包括基本信息课程性质、课程理念和功能、课程目标、课程结构、课程内容、实施建议、评价建议、课程资源等内容。

一是基本信息。包括课程名称、课程类型、课程性质、适用对象、可予学分、所需学时、课程准入、课程延续、实施条件、课程简介、咨询路径等内容。其中课程性质指理论+实践课程。课程准入指对学生顺利完成此门课程的学习，在进入该课程学习之前需具备的准备性知识、技能以及语言水平等作出简要而规范的说明，如有基础的汉语水平 HSK3 级，基本的职业技能知识；对实施课程的教师在专业水平、教学能力、学术、职（执）业或技能资格等方面作出规范说明。课程简介需用简要的语言规范说明该门课程的主要信息，让课程采用者直观了解该门课程的开发理念、课程目标、课程内容、课程实施与评价、课程特色等信息。

二是课程性质、理念和功能。其中课程性质说明本课程所归属的学科专业或技术领域，与行业产业或职业岗位发展需求的对接情况。

课程所属中职专业（我国）	课程所属中职专业（泰国）	课程所属高职专业（我国）	课程所属高职专业（泰国）	专业对接行业、产业或职业	对应的行业、产业、职业的岗位发展需求
专业一					
专业二					

核心理念说明本课程贯彻"产教融合""学生中心""产出导向"等职业教育理念情况；说明课程内容选择与组织实施的基本精神。课程功能说明本课程可对学生的后续学习，以及支持毕业生就业 3～5 年后，在哪些职业岗位能力和职业成就方面达到何种状态。

三是课程目标。课程目标包括课程总目标和课程分目标。其中课程分目标从理论知识、技术技能、职业素质、课证融通四个维度（如无相应的职业资格证书或技能等级证书，可删除），将课程总目标进一步分解成可学、可教、可评、可达成的具体目标；目标语句表述参考"行为目标"书写模式（具体参考相关理论）；分目标需要对课程总目标实现全覆盖。

四是课程结构。课程结构包括设计依据、基本结构。其中课程设计所依据的行业产业标准，或职业标准，或技术标准，或语言标准学生能力发展水平等。

基本结构用结构图展示课程学习领域（如理论知识、技术技能、职业素养）的内在构成具有的关系。通过对应关系表，对课程学习领域支撑课程分目标情况作出说明。

五是课程内容。包括描述各学习领域名称，以及各学习领域包括的理论知识、技术技能或职业综合素质内容模块。分学习领域描述"内容标准"，即罗列各学习领域在理论知识、技术技能、职业综合素质等方面的学习目标与具体学习任务。教材选用和编写建议：1）教材选用。说明本课程可使用的教材与教学参考资料，包括主教材、主要参考书及参考资料；2）教材编写原则与要求；3）教材教辅使用建议，包括相关教辅材料、实训指导手册、信息技术应用、工学结合、教学实验、网络资源、仿真软件等的开发与利用。

六是实施建议。进一步分解各学习领域（以教学需要为准），提出学习目标、学习内容、学时、学习方式、教学方式、资源条件准备等建议。教学方法可采用项目教学法、任务驱动法、讲授法、引导文教学法、角色扮演法、实训作业法等。

序号	学习领域	学习目标	学习内容	学时	学习方式	教学方式	资源条件准备
1							
2							
3							
4							

七是评价建议。评价建议应体现多元评价方法，重视学与教的过程评价，突出阶段评价、目标评价、理论与实践一体化评价等，注重学生动手能力和在实践中分析问题、解决问题能力的考核，关注学生个别差异，鼓励学生创新实践。对各学习领域可采取的适当评价形式与依据（如上网测试、试卷考试、平时作业、作品等）提出建议。对各部分评价权重或分值分配提出建议。对评价结果的运用提出建议。

八是课程资源。提供学生顺利完成该门课程学习可供使用的支持性学习资源，以及教师顺利完成该门课程教学可供使用的支持性教学资源。

（四）建立国际混编师资团队

根据不同人才培养模式，组建不同结构和组成的国际混编师资团队。

"2+1"的人才培养模式。建立一支年龄结构合理、职称分布科学、校企结合、国际混编的骨干专业教学团队，专兼职教师数量同专业学生的比值应在1:25左右。团队成员中配置一名业务水平较高的专业带头人，40%左右的具有较高理论水平和授课能力的专业骨干教师主要承担专业基础课程授课，60%左右的企业讲师或有企业3年以上工作经验的优秀老师主要担任专业方向课和集中实训课程授课。每名教师每学期课时量在200学时到300学时之间，不超过350学时。

"1+2+1"的人才培养模式。第一年由外方学校教师负责专业基础课教学，中方承担汉语基础和优秀传统文化等人文素质课教学；第二、三年主要由中方教师完成专业核心课程和拓展课的理论和实践教学；第四年由外方教师负责实习实训和毕业设计。原则上，外方教师比例在50%左右，中方教学选聘具有出国背景或具备双语教学能力的优秀中青年骨干教师担任。

"3+0"的人才培养模式。引入外方师资，配备高水平国际混编师资团队，课程教学任务由中外双方共同承担，其中外方教师担负的专业核心课程的门数和教学时数占本项目全部课程和全部教学时数的三分之一以上。顶岗实习指导教师聘请企业兼职教师担任，专兼职教师数量同专业学生的比值不超过1:25。

"中文+职业技能"培训师资在全校范围内申报选拔，语言包课程在通识学院择优选择综合素质强，教学经验丰富，具有境外教学工作背景和双语教学能力的老师负责授课；职业素养包和专业包在各二级学院市级以上骨干专业中选择综合素质强，教学经验丰富，具有双语教学能力的老师负责授课。

以我院移动通信技术专业"2+1"人才培养为例。中兴通讯信息学院和国际丝路学院的教学团队由校企双方共同组成，形成混编师资队伍，混合办公，混合教学。企业派出具有多年丰富工作经验的工程师8～10名常驻学校，按照企业模式进行管理，承担以专业核心课程教学、职业素质课程教学、课程实践为主的教学工作，丰富的行业工作背景使得现代学徒制人才培养模式更具可行性。

学校委派到中兴通讯信息学院的教师具有高学历高职称特点，并且有较长时间的企业锻炼经历，100%为双师双能型教师。其中通信技术专业教师50%具有博士学位，70%以上为副教授或者高级工程师，不但理论功底深，而且实践能力强。校方教师与中兴通讯企业工程师共同开展专业课程的教学任务，按照企业要求进行管理和绩效考核，在教学任务的基础上还负责课程建设、技术创新、学生培优等工作。学校按照原有薪酬体系标准全额承担其工资，中兴通讯支付津贴、奖金和课时费等。混编团队的组建充分发挥了学校教师和企业工程师的长处，在共同教学的过程中更能够相互促进，让学生学习的知识和行业企业的实际需求吻合，不仅实践技能突出，还具有一定的职业发展潜能。

4.3 人才培养

CEC 人才培养模式运行机制以准职业人定位专业培养目标，以"国际学徒制"创新人才培养模式，以"订单模式"创新人才培养过程，以师资建设构建有效学习保障，以实训资源建设夯实技能发展基础，以国际学院实现管理机制创新。基于"多维双元培养"理念，实施"引进来"和"走出去"相结合，通过专业对接国际标准，课程与合作院校开展学分互认，证书与合作企业联合开发。根据行业企业、专业不同外部特征，推行不同的人才培养范式（见图 4-4）。对于境内水平高、具有比较优势、境内/境外实训基地完善的专业，实施"2+1"的人才培养模式；对于境内具有产能外溢需要、境外具有实际项目的专业，实施"1+2+1"的人才培养模式；对于境内企业具有现实需求，境外具有行业标准优势的专业，实施"3+0"的人才培养模式；对于境内水平高、境外企业具有员工培训的需求的专业，实施"中文+职业技能"培训模式。无论何种模式，均由 College 校（国内院校）、Enterprise 企（我国外向型企业、国际企业、知名机构、政府等）、College 校（企业合作国家的高校）三方通力合作，对接国际职业教学标准，三方共同招生、共同开发教学资源、共同培养满足企业发展需要的国际化和本土化人才，提升三方国际服务能力和人才培养质量。

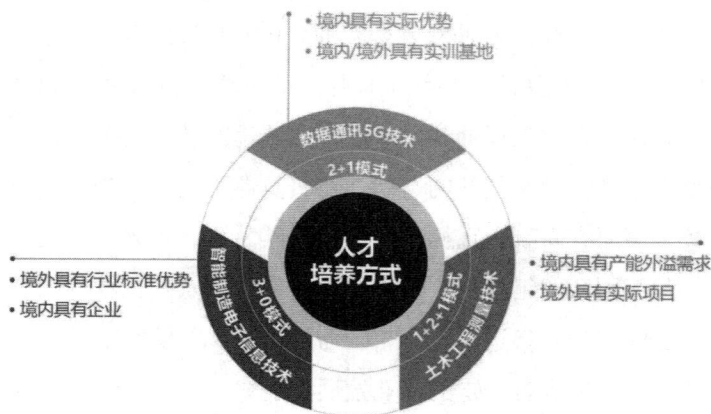

图 4-4　CEC 人才培养模式

（一）"2+1" 人才培养模式

对于国内行业优势突出，水平领先，国内国外合作学校、企业具有成熟的实训基地的，如现代移动通信技术等电子与信息大类专业，采用在中国学习 2 年，国内外企业实习 1 年的 "2+1" 人才培养模式，即第一年和第二年在中国学习，主要开设专业基础课程、专业核心课程（英文授课）和中文基础课程；第三年回到生源国所在合作企业参加实习。修满学分者可获得中方专科学历毕业证书。

1. 学制与培养对象

学制为 3 年。招收年满 18 周岁且母语为非汉语的外国人或海外华人华侨，要求具有高中毕业以上（含高中毕业）学历，HSK 应通过三级或达到相应水平。

2. 培养目标和规格

以汉语等为主要职业工具，具备良好汉语听说读写表达能力和良好中国文化背景；掌握基本技术原理，具备基本职业技术能力，兼有较强的计算机操作和应用能力、良好的职业素质和职业技能；能够从事合作企业岗位工作的国际化高素质技术技能人才。

3. 人才培养模式

（1）校企联合共同培养，倡导文化融合前提下的职业素质教育。与行业领先企业校企合作，联合办专业，共建教学团队、共建实验教学中心，合作培养、合作就业、聚焦行业核心能力，构建通信行业国际技术技能岗位需求为导向的课程体系。

按照生活导师、学业导师等多重辅导机制，分工协作共同推进留学生在中国的汉语学习、文化体验、生活指导和学习提升等。安排在信工学院主导下校企共同参与的社会实践活动，进行行业认知、自我认知和职业素质的提升。

（2）理论与实践相结合，推进综合体验、竞技学习、快乐学习。以启发式、参与式、体验式和研究式等方法为主开展汉语学习和理论教学，通过强化实践教学环节加强对学生实践和应用能力的训练。

利用第二课堂的平台，组织和指导学生参加校内外电子科技竞赛和留学生创业项目，强化对学生的创新能力和实践能力的训练和综合素质的提高。

（3）全面推进 CDIO 工程教育模式。重视职业道德教育，在教学过程中，做到"学中做、做中学"、行知合一、学以致用，构思—设计—实现—运作有机结合，培养学生系统工程技术能力。针对留学生的具体特点，实施小班教学、分类指导、因材施教，按照学生的不同兴趣，联合企业根据工作岗位进行专项指导。

（4）推进双证书制，汉语能力和专业水平相结合。严格专业课学习准入制度，原则上不通过汉语水平考试（HSK）四级的学生不允许进入专业课程学习；鼓励学生通过汉语水平考试（HSK）五级，对于自身能力提升及学业深造奠定良好基础；鼓励学生参加行业资格证书的认证培训，获得职业资格证书，提升就业能力。

（5）培养学生具有良好的中国情怀和跨文化环境下的交流、竞争与合作的初步能力。

设置专门的综合汉语和中国概况等课程，传授中国的相见礼仪、商务礼仪及禁忌等知识，并经常开展多样化的社会实践课程，培养在中国学习生活的能力，提升中华文化的认同感，并能自主传播中华文化。

4. 课程体系

（1）形成具有特色的基本素质模块体系。着力强化留学生的中国文化素养，并注重用法律知识强化留学生的法律意识；培养学生具有良好的阅读本专业领域中文资料能力；通过中国概况等课程，使学生掌握跨文化交际中必备的礼仪知识，学会与中国人沟通与交流的方法；通过体育课以及各种讲座使学生具有健康的心理和身体素质，树立正确的就业观。

（2）构建以职业技术能力为目标的专业课程体系。在课程设置上，围绕工程能力的培养开设相应的课程、进行技能训练，将技能训练和能力培养贯穿于教学过程的始终，对专业教学计划规定的课程，都开设了必要的技能训练，使学生的实际动手能力得到增强、技术水平有很大提高，将学生所学的知识转化为学生的职业技术能力。并且配备了相应的课程，形成了完整的课程体系。

（3）发挥实践教学在能力培养和素质形成所起的重要作用。实践教学体系主要由校内外社会实践、课堂上机实习或实验、专业技能实训、毕业设计等四个环节来完成，纵向上形成体系，横向上与理论课程有机结合使学生从模仿到应用到创新，逐渐增长其才干，实现培养目标。

5. 教学运行与实施

（1）教学运行设计。参考"现代学徒制"教学理念，采用"模块化"和"工学交替"的教学组织运行方式，第一、第二学期主要为基础课程学习时间，第三、第四学期为专业课及实践课程交替学习时间，第五、第六学期依托合作企业先后进行认岗实习、跟岗实习、顶岗实习和毕业设计。

（2）教学计划实施。课堂教学内容以够用、适用为度，采用情境设计、任务教学等方法，实现技能培养、职业资格鉴定与教学一体化；教学场所利用多媒体教室、校内实训室、校外实训基地进行。建立突出技能培养、重视过程考核的评价体系，保证人才培养模式有效实施。

6. 典型案例

2017 年在现代移动通信技术专业试行"2+1"人才培养模式。学院和中兴通讯股份有限公司共同建立的中兴通讯"一带一路"海外技术人才联合培养项目，面向俄罗斯、乌兹别克斯坦、老挝、吉尔吉斯斯坦、孟加拉等国招收学历留学生。项目依托国家级实训基地"教育部－ICT 行业创新基地",由国际通信信息工程师驻校进行项目式教学,培养学生实操技能,为全球通讯企业源源不断地培养输送国际化和本土化人才。现代移动通信技术专业"2+1"课程体系和教学计划见表 4-4。

表 4-4　现代移动通信技术专业"2+1"课程设置及教学计划表

序号	课程名称	课程性质	课程类型	开课院部	学分	学期
1	入学教育	公共基础必修课	C	大数据学院	1	1
2	思想道德修养与法律基础	公共基础必修课	B	马克思主义学院	1	1
3	毛泽东思想和中国特色社会主义理论体系概论	公共基础必修课	B	马克思主义学院	2	1
4	大学生心理健康教育	公共基础必修课	A	通识教育学院	2	1
5	公共体育	公共基础必修课	C	体育与国防教学部	1	1
6	军事理论	公共基础必修课	A	体育与国防教学部	2	1
7	专业导论	公共基础必修课	A	大数据学院	0.5	1
8	大学生职业生涯规划	公共基础必修课	A	招生与就业指导处	1	1
9	军事技能	公共基础必修课	C	体育与国防教学部	2	1
10	一元函数微分学	公共基础限选课	A	通识教育学院	2	1
11	电路基础	专业核心课	B	大数据学院	4	1
12	电路基础实训	专业核心课	C	大数据学院	1	1
13	Office 高级应用	专业基础课	B	大数据学院	3	1
14	形势与政策	公共基础必修课	A	马克思主义学院	0.5	2
15	思想道德修养与法律基础	公共基础必修课	B	马克思主义学院	2	2

续表

序号	课程名称	课程性质	课程类型	开课院部	学分	学期
16	毛泽东思想和中国特色社会主义理论体系概论	公共基础必修课	B	马克思主义学院	2	2
17	公共体育	公共基础必修课	A	体育与国防教学部	1	2
18	劳动实践	公共基础必修课	C	大数据学院	1	2
19	大学英语	公共基础限选课	A	通识教育学院	3	2
20	一元函数积分学	公共基础限选课	A	通识教育学院	2	2
21	形象塑造与礼仪	公共基础限选课	A	通识教育学院	2	2
22	Photoshop 图像处理	公共基础限选课	B	大数据学院	2	2
23	计算机组装与维护	专业基础课	C	大数据学院	1	2
24	通信技术导论	专业基础课	A	华晟经世	2.5	2
25	低频电子电路	专业核心课	B	大数据学院	4	2
26	低频电子电路实训	专业核心课	C	大数据学院	1	2
27	通信原理	专业基础课	A	大数据学院	3	2
28	公共体育	公共基础必修课	A	体育与国防教学部	1	3
29	创新思维与创业基础	公共基础必修课	A	创新创业学院	2	3
30	通信工程制图	专业核心课	B	大数据学院	4	3
31	通信工程制图实训	专业核心课	C	大数据学院	1	3
32	数据通信技术	专业核心课	B	华晟经世	4	3
33	IP 网络组建实训	专业核心课	C	华晟经世	1	3
34	光传输技术与应用	专业核心课	B	华晟经世	3	3
35	光传输技术与应用实训	专业核心课	C	华晟经世	1	3
36	现代交换技术	专业基础课	B	华晟经世	3	3
37	5G 网络运维技术	专业基础课	B	华晟经世	3	3

续表

序号	课程名称	课程性质	课程类型	开课院部	学分	学期
38	形势与政策	公共基础必修课	A	马克思主义学院	0.5	4
39	就业指导	公共基础必修课	A	招生与就业指导处	1	4
40	劳动实践	公共基础必修课	C	大数据学院	1	4
41	应用文写作	公共基础限选课	A	通识教育学院	2	4
42	光纤接入技术	专业核心课	B	华晟经世	4	4
43	LTE 4G 移动通信技术	专业核心课	B	华晟经世	3	4
44	LTE 4G 全网综合实训	专业核心课	C	华晟经世	1	4
45	室内分布式系统设计	专业基础课	B	大数据学院	4	4
46	通信工程项目设计及概预算	专业核心课	B	大数据学院	5	4
47	电信工程综合实训	专业核心课	C	华晟经世	1	4
48	通信专业技术人员职业水平考试培训	专业基础课	B	华晟经世	3	5
49	通信工程项目管理及监理	专业拓展限选课	B	华晟经世	3	5
50	无线网络规划与优化	专业拓展限选课	B	华晟经世	4	5
51	ICT 营销导论	专业基础课	B	华晟经世	3	5
52	Python 程序设计基础	专业拓展限选课	B	华晟经世	3	5
53	综合实习	专业基础课	C	大数据学院/华晟经世	7	5
54	顶岗实习	专业基础课	C	大数据学院/华晟经世	12	6
55	毕业设计	专业基础课	C	大数据学院/华晟经世	4	6
56	毕业教育	专业基础课	C	大数据学院	1	6

注：A——理论课，B——理实一体课，C——实践课

（二）"1+2+1" 人才培养模式

针对国内企业走出去服务"一带一路"，在境外有实际项目的，如建筑工程技术等土木建筑大类相关专业，采用境外合作办学"1+2+1"模式，即第一年在外方学习，主要开设通识课程和基础课程；第二年和第三年在中国学习，主要开设专业基础课程、专业核心课程（英文授课）和中文基础课程；第四年在外方合作企业实习实训，并完成学位课程和毕业设计（论文）。完成实习者获得企业证书，考试通过者授予 X 证书，修满双方学分者获得中方专科学历毕业证书、外方本科学历证书、外方学士学位证书和 X 证书。此外，可选拔优秀毕业生来华攻读硕士学位，并提供政府奖学金。

1. 培养目标和规格

倡导职业教育观念，以职业能力和岗位需求为导向，以培养学生"岗位能力+职业素养"为目标，打造"国际化、技能化、职业化"的专业特色。培养了解中国传统文化和人文历史，面向当地经济社会发展需要和服务生产一线的高素质技术技能人才。

2. 课程设置

课程设置分为公共基础课程和专业（技能）课程两类。

（1）按照国家有关规定及项目协议开设公共基础课程。将汉语列为必修课，将中华优秀传统文化、创新创业教育、信息技术、数学、健康教育、美育课程、职业素养等列为必修课或限定选修课。同时开设关于节能减排、绿色环保、社会责任、管理等人文素养、科学素养方面的选修课程、拓展课程或专题讲座（活动），并将有关知识融入到专业教学和社会实践中。

（2）科学设置专业（技能）课程。专业（技能）课程设置要与培养目标相适应，课程内容要紧密联系生产劳动实际和社会实践，突出应用性和实践性，注重学生职业能力和职业精神的培养，确定 6～8 门专业核心课程和若干门专业课程。

3．教学运行与实施

第一年在外方学校学习，主要开设通识课程和基础课程，第二年和第三年国内实施部分每学年安排 40 周教学活动，第四年在外方合作企业跟岗、顶岗实习。高职学历总学时数在 1800 左右，一般以 18 学时计为 1 个学分，鼓励学生自主学习。鼓励将学生取得的行业企业认可度高的有关职业技能等级证书或已掌握的有关技术技能，按一定学分累计与转换办法折算为学历教育相应学分。

4．实践环节

加强实践性教学，实践性教学学时原则上占总学时数 50% 以上。建议院校联合优质跨国企业积极推行认知实习、跟岗实习、顶岗实习等多种实习方式，强化以育人为目标的实习实训考核评价。可根据专业实际，集中或分阶段安排。

5．典型案例

2021 年 11 月，国家主席习近平在中非合作论坛第八届部长级会议发表题为《同舟共济，继往开来，携手构建新时代中非命运共同体》的主旨演讲。习近平总书记指出，作为《中非合作 2035 年愿景》首个三年规划，中国将同非洲国家密切配合，共同实施"九项工程"。其中第七项是能力建设工程。实施"未来非洲－中非职业教育合作计划"项目，开展"非洲留学生就业直通车"活动。

2021 年学院依托与中资企业坦桑尼亚联合建设国际有限公司、坦桑尼亚达累斯萨拉姆大学孔子学院联合成立的坦桑尼亚达累斯萨拉姆大学鲁班工坊，成功入选教育部"未来非洲－中非职业教育合作计划"项目（简称中非职教合作项目），成为全国首批 14 个试点院校之一。教育部"中非职教合作项目"主要包括三个部分：中非职业技能等级证书培训项目、中非应用型人才联合培养项目和非洲职业技术教育骨干教师培训项目。学院与坦桑尼亚达累斯达拉姆大学合作启动中非应用型人才联合培养子项目，采用"1+2+1"人才培养模式，计划每年招收土木工程专业坦桑尼亚籍留学生 30 名。建筑工程技术专业"1+2+1"课程体系和教学计划见表 4-5。

表 4-5　建筑工程技术专业"1+2+1"课程体系

序号	学期	课程名称	授课院系	技能模块	证书
1	1	汉语	达大大学	1．能听懂 60%～70% 汉语； 2．能运用工程力学的基本原理和分析方法分析具体工程问题	1．汉语四级 2．通过所有课程考试
2	1	静力学	达大大学		
3	1	材料力学	达大大学		
4	2	汉语	达大大学		
5	2	静定结构分析	达大大学		
6	2	超静定结构分析	达大大学		
7	3	土木工程制图	土木学院	1．能进行房屋建筑设计； 2．能进行房屋结构设计； 3．能进行施工组织设计	1．建筑工程识图技能等级证书 2.BIM 技能等级证书
8	3	土木工程材料（一）	土木学院		
9	3	土木工程材料（二）	土木学院		
10	4	建筑设计基础	土木学院		
11	4	钢筋混凝土结构设计（一）	土木学院		
12	5	钢筋混凝土主体结构施工	土木学院		
13	5	BIM 技术应用	土木学院		
14	5	工程经济与规划技术	土木学院		
15	4	工程机械	智能制造学院		
16	6	建筑安全管理	资安学院		
17	6	建筑工程施工组织与实施	土木学院		
18	4	工程测量学（一）	测绘学院	1．能熟练操作全站仪开展测量放线； 2．能针对地理模型和分析任务制定基于 GIS 的解决方案	工程测量员
19	5	工程测量学（二）	测绘学院		
20	6	GIS 在土木工程中的应用	测绘学院		
21	3	土木工程师地质学	测绘学院	1．能进行道路设计； 2．能进行桥梁设计	
22	3	公路材料	土木学院		
23	3	土壤力学	土木学院		
24	4	基础工程（一）	土木学院		
25	4	基础工程（二）	土木学院		
26	5	路面设计与维护	土木学院		
27	6	桥梁设计	土木学院		

续表

序号	学期	课程名称	授课院系	技能模块	证书
28	6	建筑电气	智能制造学院	1. 能进行建筑电气设计;	
29	5	建筑装饰工程	艺设学院	2. 能进行建筑装饰工程设计;	
30	5	跨境电商	财旅学院	3. 能进行虚拟的跨境电商运营	
31	3	汉语基础	通识学院	1. 能听懂中国语言;	
32	3	中国概论	通识学院	2. 能认同中国文化;	
33	4	汉语应用	通识学院	3. 能操作工作所需计算机常用软件	
34	3	计算机基础	大数据学院		
35	3	体育	体育与国防部	能进行强身健体的运动	
36	4	体育	体育与国防部		
37	4	工程机械实训	智能制造学院	能配合相关理论课程进行相关能力实训(周数可随具体开设项目特殊需要适量加长)	
38	4	工程测量实训	测绘学院		
39	5	装饰工程实训	艺设学院		
40	5	建筑施工实训	土木学院		
41	6	BIM 技术综合实训	土木学院		
42	7	钢筋混凝土结构设计(二)	达大大学	1. 能进行多层建筑框架设计;	
43	7	预应力混凝土基础	达大大学	2. 能进行简单预应力混凝土结构设计;	
44	7	钢结构设计	达大大学	3. 能进行钢结构设计;	
45	7	土木工程程序与道德	达大大学	4. 能编制招标文件及管理建设项目	
46	7	建筑工程管理	达大大学		
47	8	毕业实习	达大大学	能综合应用土木工程专业知识	
48	8	毕业设计	达大大学		

（三）"3+0" 人才培养模式

对于国外办学优势突出，国内企业人才需求强劲的，如机电一体化技术等装备制造大类相关专业，采用中外合作办学 "3+0" 模式，引入外方师资与教材，课程教学任务由中外双方共同承担。学生在中国学习 3 年，第一学年主要设置公共课程和部分专业基础课，第二、第三学年主要设置专业核心课程。成绩合格且满足毕业条件的学生，将获得中方专科毕业证书。在合作框架内成功完成了外方院校实施的课程的学生，将获得外方结业证书。如有学生自愿申请且满足赴外方学习条件，该学生将有资格赴外方学校学习，外方承认该学生在中方学习三年的相应课程学分，在外方继续学习两年，学生完成外方院校全部课程并通过相关考试，达到毕业要求，可获得外方的本科学士学位。

1. 学制与培养对象

学制 2～4 年，可以根据学生灵活学习需求合理、弹性安排学习时间。培养对象为国内高中阶段教育毕业生（普通高级中学毕业、中等职业学校毕业）或具有同等学力者。

2. 培养目标和规格

面向制造行业，充分利用合作双方的优质教育教学资源，将外方先进教育理念与中方课程思政意识相融合，以培养理想信念坚定，德、智、体、美、劳全面发展，具有一定科学文化水平，良好的人文素养、职业道德和创新意识，精益求精的国际型卓越工匠为目标，培养具有国际视野并且能胜任制造业领域设计、运维、管理、销售等工作的复合型人才。

3. 人才培养模式

构建 "专业技术+人文素养" 虚实交错的现代学徒制人才培养模式，引进外方优质专业教学资源，引入部分国外专业课程，在课程体系、师资配置、教育教学上充分体现国际化特色，打造 "工业软件+智能制造" 相融合的课程体系，培养机电一体化技术、工业机器人技术、软件工程技术等专业高素质技术技能人才。

4. 课程体系

引进并开发教学标准。引进外方教学标准和实验室标准，本土化改造并开发适合国内智能制造业标准体系。

建构课程体系。深化课程内容改革，构建"工业软件+智能制造"相融合的课程体系，融合岗位群的国际职业资格证书、"1+X"证书等，选取与国际先进技术发展相适应的课程内容，合作开发教学资源、构建专业群核心课程，建设中英双语国际在线课程资源。

建设智能制造教学资源库。以两校专业教学资源库为基础，对标国外专业教学资源库建设标准，将国际行业企业标准、岗位标准、新技术、新工艺、新规范等融入智能制造教学资源库，打造专业群资源共享平台，实现合作专业优质资源共享。

5. 教学运行与实施

学校负责中国境内的宣传和招生，提供教学场地、设备，对教学场地和设备进行维护；与外方共同制定教学计划，安排教学和学生管理，对教学实施质量监控，保证教育教学质量；收取学习费用（学费、住宿费等），为来华外籍教师提供协助，准备相关文件，颁发中国高等院校专科毕业文凭。

外方负责与中方共同制定教学计划，提供优质教育教学资源；配合开展教育教学活动，保证教育教学质量；负责为本机构已在中方注册的学生在俄方办理学籍注册，选派符合资格的外籍教师到中方进行授课，与中方共同负责学生毕业的组织与指导，并颁发结业证书。

6. 典型案例

2021 年学院与俄罗斯莫斯科国立工艺大学（斯坦金）合作举办中外合作办学机构"重庆工程职业技术学院智能制造国际学院"。该机构采用"3+0"合作模式，以服务智能装备制造业发展为需求，通过构建"专业技术+人文素养"虚实交错的现代学徒制人才培养模式，打造"工业软件+智能制造"相融合的课程体系，重点培养机电一体化技术、工业机器人技术、软件工程技术专业高素质技术技能人才，计划每年每专业招收 40 人。智能制造国际学院"3+0"课程体系和教学计划见表4-6。

表 4-6　机电一体化技术专业课程设置及学时学分分配表
Course setting and credit allocation schedule of Mechatronics Technology

课程分类 Course Type	序号 NO.	课程名称 Course Title		学分 Credit	考核学期 Examination term		课内教学时数 Teaching Hours			实践教学课时 Practical Teaching Hours	按学年及学期分配教学周数 Yearly Teaching Plan (In weeks)						备注 remark
					考试 Exam	考查 Inspection	共计 Total	理论课时 Theory Teaching Hours	实验实训课时 Experiment & Training Hours		第一学年 Year 1		第二学年 Year 2		第三学年 Year 3		
											S1 20	S2 20	S1 20	S2 20	S1 20	S2 20	
公共基础课 Public Foundation Courses	1	思想道德修养与法律基础 Ideology and Morality Cultivation and Law Basis		3		1	48	48			3	3					
	2	毛泽东思想和中国特色社会主义理论体系概论 Mao Zedong Thought and the theoretical system of socialism with Chinese characteristics		4	2		64	64			4	4					
	3	形势与政策 Situation and Policy		1		1, 2, 3, 4, 5, 6	48	48			2	2	2	2	2		
	4	一元函数微分学 Single Variable Differential Calculus		2	1	1	32	32			2						
		一元函数积分学 Single Variable Integral Calculus		2	2	2	32	32				2					
	5	公共体育 Public Physical Education		3	1,2,3		108	108			2	2	2				
	6	大学生心理健康教育 Mental Health Education		2		1	32	32			2						
	7	大学英语 college English		2	1		48	48			2						
	8	其他课程	专业导论 Introduction to Major	0.5		1	8	8			2						
			军事理论 Military Theory	2		1	36	36			2						
			军事训练 Military Training	2		1	56		56		2						
			入学教育 Freshman Orientation	1		1											
			劳动实践 Physical labour Practice	2		2, 4	56		56			2		2			
			就业指导 Employment Guidance	1		4	16	16							4		
	9	俄语 （I）（外）★ Russian (I) (foreign side)				1	64	64			2						
	10	俄语 II（外）★ Russian (II) (foreign side)		4		1	64	64			2						
	11	俄语应用文写作（外）★ Practical Writing-Russian (foreign side)		2		4	32	32					2				
		小计 Total		33.5			744	632	112	0							
	12	机械类应用英语（外）★ Mechanical English(foreign side)		2	1		32	32									

续表

课程分类 Course Type	序号 NO.	课程名称 Course Title	学分 Credit	考试 Exam	考查 Inspection	共计 Total	理论课时 Theory Teaching Hours	实验实训课时 Experiment & Training Hours	实践教学课时 Practical Teaching Hours	第一学年 Year1 S1 (20)	S2 (20)	第二学年 Year2 S1 (20)	S2 (20)	第三学年 Year3 S1 (20)	S2 (20)	备注 remark
专业基础课 Professional foundation Courses	13	信息技术类（计算机应用基础）（外）★ Fundamentals and Application of Computer(foreign side)	2	1		32	32									
	14	创新创业实践（外）★ Innovation and Entrepreneurship Practice (foreign side)	1			28	28							1		1 周 1week
		小计 Total	5			92	92									
专业必修课 Program courses	15	●机械基础（外）★ Mechanical Foundation(foreign side)	3.5	2		72	46	26			4					
	16	●电子技术应用（外）★ Electronic technology application (foreign side)	3.5		2	56	46	10			4					
	17	●工业机器人技术基础（外）★ Foundation of Industrial Robot Technology(foreign side)	3		3	64	40	24				4				
	18	●机械制造基础（外）★ Foundation of Mechanical manufacturing(foreign side)	3.5	5		72	50	22				6				
	19	●职业认知与职业规划（外）★ Occupational cognition and career planning（foreign side)	1		1	16	16					2				由资深专业教师讲授 Professors teach
	20	●机电设备管理（外）★ Electromechanical equipment management (foreign side)	3		4	48	30	18					4			
	21	●电子线路 CAD（外）★ Electronic circuits CAD (foreign side)	3		4	48	30	18					4			
	22	●智能制造技术基础（外）★ Foundation of Intelligent Manufacturing Technology (foreign side)	3		5	48	30	18						4		
	23	▲机电一体化技术 Mechanical& Electrical Integration	3		5	48	32	16						4		
	24	▲机电设备安装与维修（中）Installation and Maintenance of Electromechanical Equipment	3.5		5	56	30	26						4		
	25	机械图的识读与 CAD The Reading of Mechanical drawings &CAD	4.5		1	64	50	14		4						
	26	电气控制与 PLC 技术应用 Programmable Logic Controller	3.5	4		56	30	26					4			
	27	自动化生产线安装与调试 Automatic Production Line Installation and Commissioning	3.5		5	56	30	26						4		

续表

课程分类 Course Type	序号 NO.	课程名称 Course Title	学分 Credit	考试 Exam	考查 Inspection	共计 Total	理论课时 Theory Teaching Hours	实验实训课时 Experiment & Training Hours	实践教学课时 Practical Teaching Hours	S1 20	S2 20	S1 20	S2 20	S1 20	S2 20	备注 remark
专业必修课 Program courses	28	数字化生产线集成与仿真 Integration and Simulation of Digital Production Line	3		4	48	30	18					4			
	29	变频与伺服控制技术 Frequency Conversion and Servo Control Technology	3		5	48	30	18						4		
	30	机械 CAD 与 CAM（UG NX）Mechanical CAD and CAM (UG NX)	3		3	48	30	18				4				
		小计 Subtotal	50.5			848	550	298								
专业集中实践 Major skills practice	31	●金工技能实训（外）★ Metalworking Skills Practice(foreign side)	2		2	56			56					2		钳工1周，车工1周 (1 week bench,1 week lathe)
	32	●自动化控制应用综合实训（外）★ Course Exercise in control and maintenance of Electric Equipment (foreign side)	2		5	42			42					2		
	33	●维修电工中级工实习（外）★ Electrician (Middle grade) Practice (foreign side)	3		4	84			84				3			
	34	机器人拆装实训 Disassembly Robot Training	1		2	28			28			1				
	35	机械 CAD 实训 Mechanical CAD training	2		2	56			56			2				16-17周 16-17 week
	36	●机电一体化系统调试实训（外）★ Design and adjustment training of Mechatronics (foreign side)	3		4	42			42				3			
	37	▲自动化生产线综合实训（中）Comprehensive Training of Industrial Production Line	2		4	42			42				2			
	38	●顶岗实习（外）★ Post Practice（Foreign side）	16		6	224			224						16	课时中外各授课一半分别224课时 (224 periods each side)
		顶岗实习（中）Post Practice（Chinese side）	16		6	224			224						16	
	39	●毕业设计（外）★ Graduation Project Guide（Foreign side）	4		5	56			56						4	课时中外各授课一半分别56课时 (56 periods each side)
		毕业设计（中）Graduation Project Guide（Chinese side）	4		5	56			56						4	
		小　计 Subtotal	55			910			910							
		合计 Total	144			2594	1274	410	910							

外方课程说明：
1. 外方课程用★表示；外方核心课程用●和★表示
2. 外方公共基础课：6 门，252 课时
3. 外方专业核心课：14 门，928 课时
Foreign courses description:
1. Foreign courses described by★, foreign core courses described by●and★
2. Foreign public foundation courses: 6, 252 periods
3. Foreign core courses:14, 928 periods

中方课程说明：
1. 中方核心课程用▲表示；
2. 中方专业核心课：3 门，146 课时
Chinese courses description:
1. Chinese core courses described by▲
2. Chinese core courses:3, 146 periods

（四）"中文+职业技能"培训模式

弘扬和传播中华文化是"一带一路"倡议的重要内容之一。为积极响应国家号召，要推动"一带一路"参与国之间的文化交流互鉴，促进区域共同发展，实现合作共赢，进一步深化和推广"CEC"模式，结合我院各二级学院专业特色及优势，构建具有学院特色的人文交流项目。

1. 项目简介

我院打造七个"中文+职业技能"人文交流特色项目，分别由智能制造与交通学院、大数据与物联网学院、土木工程学院、财经与旅游学院、资源与安全学院、测绘地理信息学院、艺术设计工程学院负责特色课程设计及相关教学工作安排。

2. 授课对象

"中文+职业技能"人文交流项目面向国（境）外来华留学生。

3. 项目内容

"中文+职业技能"项目分语言文化包、专业包和职业素养包三大模块，其中语言文化包主要为"汉语+职业汉语+中国文化"；专业包由各二级学院根据学院特色及优势专业，结合企业设计模块化专业课程包；职业素养包为各二级学院根据学院特色及优势专业，以企业为主导，学校参与的形式开发国际素养包，主要包括"职业道德+国际规则+职业安全+创新意识"。

4. 项目学时

每个项目总学时为 48 学时，其中语言包 16 学时，专业包和职业素养包 32 学时。

5. 项目设计要求

根据国内外、校企需求重构专业知识，建立应满足标准化、可持续改进、知识点内聚、课程独立和高复用率特性，课程模块间的关联尽可能简单。"专业包""职业素养包"由 7 个二级学院根据各自专业特色建立并命名，"语言文化包"由通识教育学院牵头建立，供人文交流项目学生课堂上投入教学使用，项目课程包见表 4-7。

表 4-7　"中文+职业技能"项目课程包

序号	课程类型	课程名称	授课语言	学时
1	语言文化包	综合汉语	汉语（兼及英语，双语教学）	10
2	语言文化包	中国文化	汉语（兼及英语，双语教学）	6
3	职业素养包	ICT 工程师职业素养	中文+英文翻译	4
4	职业素养包	形体礼仪	中文	8
5	职业素养包	外出实习考察	中文	8
6	职业素养包	无人机农业植保	中文	4
7	职业素养包	企业体验	中文	10
8	职业素养包	工程素养教育	英汉双语	4
9	职业素质包	职业卫生与安全	中文	4
10	专业包	职业安全科普知识	中文	8
11	专业包	职业健康科普知识	中英文	12
12	专业包	职业危害因素检测	中文	8
13	专业包	工业机器人应用基础	英汉双语	12
14	专业包	工业机器人操作与编程	英汉双语	16
15	专业包	Python 程序设计	中文+英文翻译	28
16	专业包	建筑信息建模技术	中文或英语	24
17	专业包	模拟导游	中文	8
18	专业包	地方导游基础知识	中文	8
19	专业包	无人机航空测绘	中文	12
20	专业包	珠宝首饰制作	中文	16
21	专业包	家居设计与体验	中文	12
22	专业包	陶艺鉴赏与制作	中文	10

4.4　评价实施

基于"高水平发展"理念，学院在教育部职业教育研究所和重庆市教育评估院指导下，制定评价指标体系，分别对国际合作平台、资源包、人才培养开展事前、事中和事后评价，解决了国际化人才培养中缺乏适宜的绩效评价指标的问题，建成评价指标体系，指导 20 余所院校和企业完成国际合作评价。

（一）指标体系构建

设置一级指标 3 个，分别是：国内学校 CEC 国际化指标、企业 CEC 国际化指标、国外院校 CEC 国际化指标。

设置二级指标 14 个，分别是：国内学校 CEC 国际化发展战略、CEC 国际化人才培养、合作项目所在专业国际化师资结构、合作项目国际化课程、联合办学项目、科研成果、对外交流及影响；企业 CEC 国际化背景、企业国际化员工、企业参与国际化人才培养及教学；国外院校 CEC 国际化背景、国际化人才培养、国际化师资结构、联合办学项目。

设置评估要素 49 个，分别是：

1. 国内学校 CEC 国际化发展战略

从学校层面是否建设有国际化目标与发展战略规划、学校是否存在实行国际化的相关组织、它的任务分工是否合理、学校是否建设有国际化管理制度及办法、国际化发展年度预算经费 5 个要素进行评估；国内学校 CEC 国际化人才培养中从国际学生培养数、国际学生获得合作企业证书数、国际学生参加国内和国际技能大赛人数、国内学生赴海外交流占在校生的比例、国内学生赴海外参加国际技能大赛人数、国内学生参与合作企业实习项目人数、毕业生海外升学人数、毕业生海外就业人数 8 个要素进行评估；国内学校合作项目所在专业国际化师资结构从外籍教师占学校专任教师的比例、外籍专家学者短期到校从事讲学或合作研究的人次、学校教师每年赴国外学习和工作人数、双语教师人次、学校教师获得国际资格证书人数 5 个要素进行评估；合作项目国际化课程从专业国际标准建设数、课程国际标准建设数、使用外语或双语教学的课程数、是否与国外大学及企业实现远程课程及教学资源共享 4 个要素进行评估；国内学校联合办学项目从中外合作办学（机构）项目数、境外合作办学数 2 个要素进行评估；国内学校科研成果从学校国际化相关国内外论文发表及咨政报告数、相关研究课题数 2 个要素进行评估；国内学校对外交流及影响从学校每年举办或承办的国际会议数、媒体每年报道学校国际化次数 2 个要素进行评估。

2. 企业 CEC 国际化背景

从企业是否建设有 CEC 国际化目标与发展战略规划、企业是否存在实行 CEC 国际化的相关组织以及它的任务分工是否合理、企业参与国内外院校合作项目数、企业在国外分支数、企业国际影响力 5 个要素进行评估；企业在岗员工国外培训、工作经历人数 1 个要素进行评估；企业参与国际化人才培养及教学从 CEC 国际合作项目学生到企业参加顶岗实习比例、企业参与院校合作人才培养方案和实训基地建设等投入、合作项目毕业生签约合作企业占企业总签约数的比例 3 个要素进行评估。

3. 国外院校 CEC 国际化背景

从学校层面是否建设有国际化目标与发展战略规划、学校是否有项目实施负责人、学校是否有中国院校合作项目、学校是否有国外合作企业、是否有三大排名、当地同类校排名 7 个要素进行评估；国外院校国际化人才培养从国际学生培养数 1 个要素进行评估；国外院校国际化师资结构从赴海外教学教师占学校专任教师的比例、中文教师人数 2 个要素进行评估；国外院校联合办学项目从国内合作办学数、境外办学项目数 2 个要素进行评估。

（二）评价实施

为深入了解重庆高职院校国际合作服务"一带一路"建设过程中，对高等职业教育的相关需求，重庆工程职业技术学院"一带一路"背景下重庆高等职业教育国际合作模式研究项目组开展了针对重庆高职院校的调查活动。通过向相关院校国际交流部门发放问卷，了解重庆高职院校在服务"一带一路"建设中的基本情况、校企合作、海外高校合作和政策诉求，从而为重庆高职院校开展职业教育更好地服务"一带一路"建设提供支持。

本次调查共向 19 所重庆高职院校发放问卷，在受访院校类型方面，国家"双高计划"建设单位 10 所，占比 52.63%，国家示范性高等职业院校 3 所，占比 15.79%，重庆市示范性高等职业院校 7 所，占比 36.84%，如图 4-5 所示。

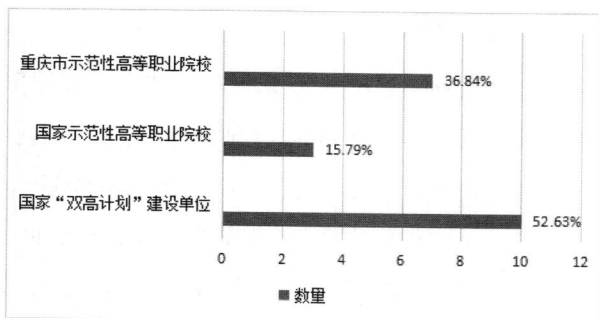

图 4-5　参与问卷调查的重庆高职院校

1. 基本情况

问卷主要从机构设置、国际化发展规划、国际化发展年度预算、国际化师资、中外合作办学、开发国境外课程及专业标准、来华留学、出国留学，以及目前国际化面临的问题等方面来了解重庆高职院校国际化发展的基本情况。

独立的国际交流与合作组织机构，明确的国际化管理制度、发展规划及目标、充足的国际化发展预算，对于院校的国际化发展具有重要的意义。问卷结果显示，17 所院校有专门的组织机构负责国际化，占比 89.5%。19 所院校建设有国际化管理制度及办法，占比 100%。19 所院校建设有国际化目标与发展战略规划，占比 100%。19 所院校建设有国际化发展年度预算，占比 100%。在建设有国际化发展年度预算的院校中，国际化预算经费占学校总经费的比例达到 1.5%～2%左右，如图 4-6 所示。

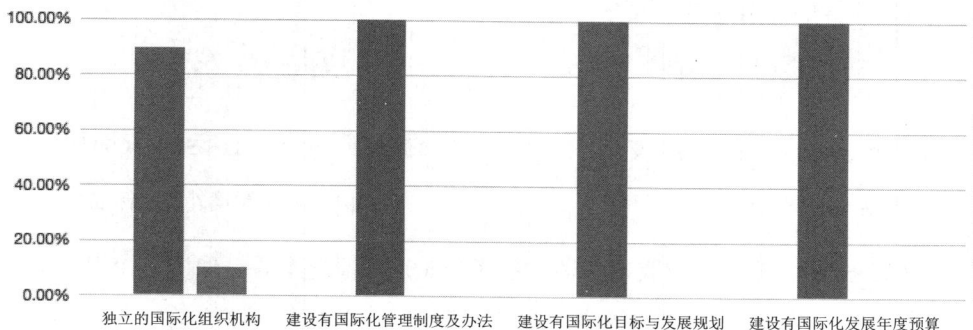

图 4-6　国际化发展基本情况

2.　国际合作基础研究

（1）国际化师资。从师资情况来看，受访院校专兼职教师数平均为 400～1000 人，其中副高级职称及以上教师约占 20%～60%，双语师资约占 10%。有外籍教师的院校 8 所，每年引进 1～12 人次，主要来自美国、澳大利亚、加拿大等国家。

（2）引进优质资源。从中外合作办学、开发国（境）外专业和课程情况来看，平均而言，受访院校开展中外合作办学项目的学校有 11 所，合作专业主要有会计、计算机及软件技术、医学、机械制造、经管、数字媒体、教育、电气自动化等，合作国家遍及全球，主要分布在加拿大、澳大利亚、德国、西班牙、英国、韩国等国家，如图 4-7 所示。

受访院校中有开发国（境）外课程标准数量的学校 12 所，有开发国（境）外专业标准数量的学校 9 所。受访院校中有开设双语课程的学校 14 所，主要专业大类为机械工程、土木工程、信息技术、经管、医学、农业、语言等，如图 4-8 所示。

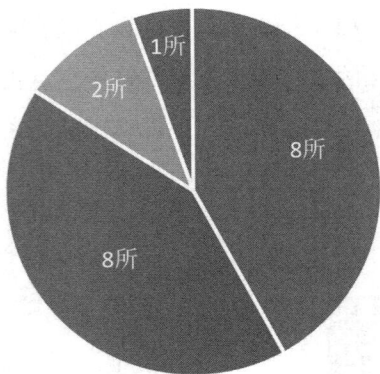

■0个 ■1个 ■2～5个 ■5个及以上

图 4-7　中外合作办学项目数

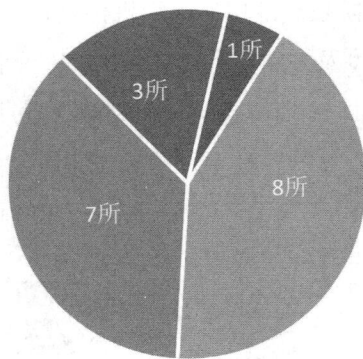

■0个 ■1～10个 ■11～50个 ■50及以上

图 4-8　开发国境外课程标准

（3）来华留学。从招收来华留学生（长短期）情况来看，受访院校中有招收来华留学的 12 所，其中，招收来华留学生每年在 40 人次以内的学校 5 所，41～99 人次的学校 4 所，100 人次及以上的 3 所，未招收来华留学生的学校有 7 所，生源国主要分布于东南亚、非洲、中亚等国家，如图 4-9 所示。

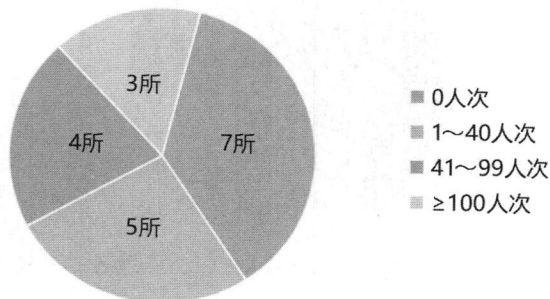

图 4-9　（长短期）来华留学数量

（4）出国留学。受访院校中有学生出国研修、比赛的 13 所，其中，每年出国研修、比赛的人次在 1～20 人次的学校 9 所，21～50 人次的学校 3 所，51～100 人次的学校 1 所，尚未有学生出国的学校 6 所。留学主要国家是泰国、马来西亚、西班牙等，如图 4-10 所示。

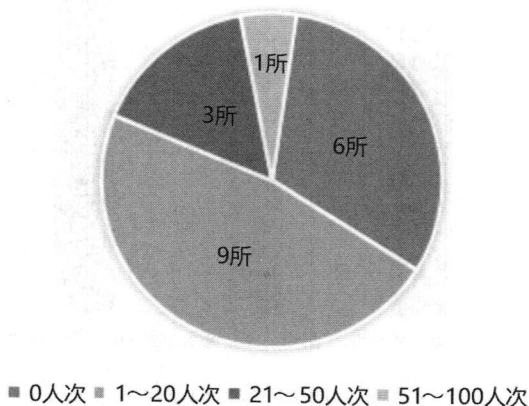

图 4-10　学生出国留学数量

教师出国研修每年约 5～20 人次，其中，安排教师出国年计划在 1～5 人次的学校 3 所，6～10 人次的学校 7 所，11～20 人次的学校 5 所，30～50 人次的学校 3 所，尚未安排教师出国的学校 1 所，主要去往德国、英国、澳大利亚、新加坡等国家，如图 4-11 所示。

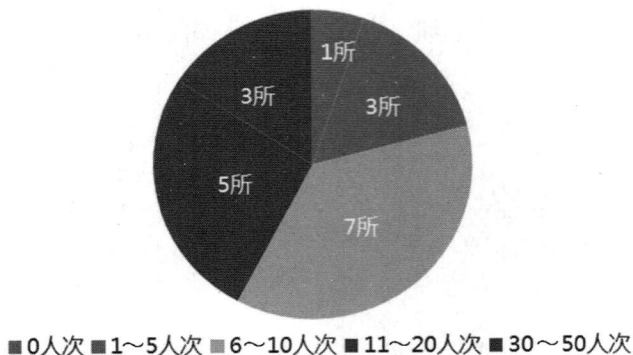

图 4-11 教师出国研修

（5）其他国际交流与合作内容。受访院校的其他国际交流与合作内容中，占比最多的为国际科研合作及学术交流，其次为国际化课程开发、与国（境）外企业对接及合作，以及举办和参与国际会议、论坛，并进行交流，如图 4-12 所示。

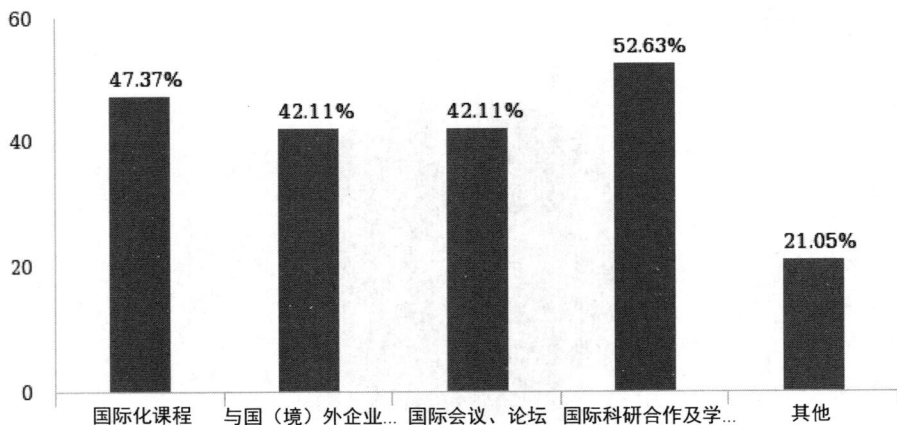

图 4-12 其他国际交流与合作内容

3. 服务"一带一路"建设研究

在高职院校开展国际合作和化教育的过程中，服务"一带一路"建设也是对高职院校的一项重要要求。在受访学校中，参与服务"一带一路"建设的高职院校有 17 所，服务"一带一路"建设的国家主要分布在东南亚、中亚、非洲，服务"一带一路"建设的主要专业大类包括建筑工程技术、移动通信技术、机械工程技术、经管、交通、医学、农学等，如图 4-13 所示。

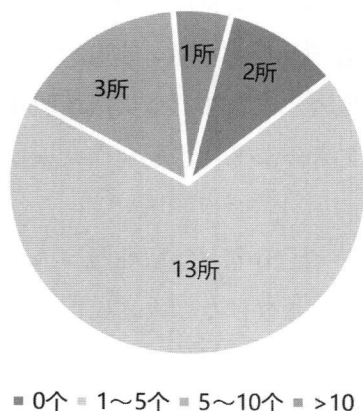

■ 0个 ■ 1~5个 ■ 5~10个 ■ >10

图 4-13 服务"一带一路"建设项目数量

（1）主要模式。从服务"一带一路"建设的主要模式来看，有 10 个院校选择校企模式，占比 52.63%；14 个选择与海外高校合作，占比 73.68%；8 个选择校企校，占比 42.11%；7 个选择政企校，占比 36.84%；另外，有 1 个选择其他，占比 5.26%，如图 4-14 所示。

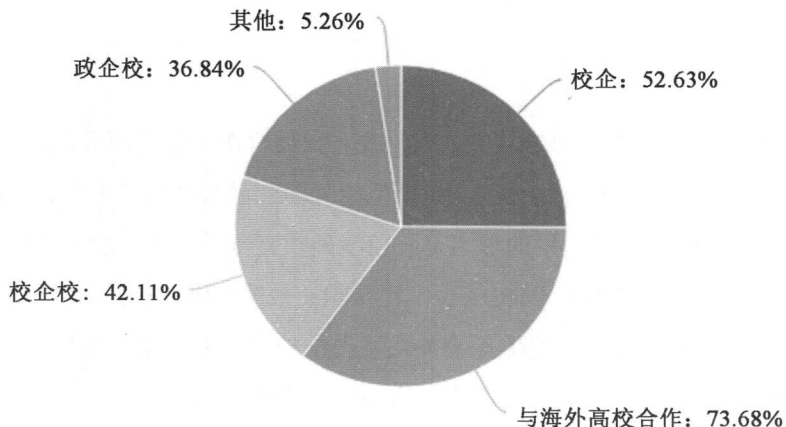

图 4-14 服务"一带一路"建设的主要模式

以"高职中外合作办学"为"一带一路"倡议给我国职业教育创造了历史性

机遇，也提出了新的发展要求。从知网数据库以"一带一路国际合作模式研究"为字样搜索到文献 27 篇，就现有文献而言，国内学者总结了五种国际合作模式。

1）政府主导型职业教育国际合作模式。政府主导型职业教育国际合作模式是通过各国政府、教育部门及地方政府部门牵头组织职业教育国际交流合作，通过政府组织实施的双边多边交流合作平台达成合作共识、出台政策以及签订合作协议等的合作形式。

2）职业教育人员跨境流动合作模式。职业教育人员跨境流动合作模式包括学生留学、教师出国访学以及职业教育专家人才出国讲学和提供培训服务等具体形式。学校尤其是高等学校是职业教育国际交流与合作的重要主体，在学生互换、教师互派、职业技能培训和国际合作办学等方面发挥着重要作用。

3）职业教育配合企业"走出去"的鲁班工坊模式。鲁班工坊模式是新时期我国职业教育"走出去"开展国际合作的成功探索与实践。鲁班工坊在天津市率先创立，最初在泰国成功实践并推广到"一带一路"沿线国家，已成为我国职业教育"走出去"开展国际合作的典范。鲁班工坊模式解决了中国企业"走出去"所面临的当地职业技能人才缺乏的难题，通过我国职业教育在境外创立的鲁班工坊对当地青年劳动力提供职业技能培训，既能把中国优质的职业教育资源输入国外，也能为我国海外投资企业培养出熟悉中国技术、产品和标准的本土化技术技能人才。

4）职业教育国际合作办学模式。职业教育国际合作办学是职业教育国际化的重要阶段，具有很大的发展潜力，既包括把国外职业教育"引进来"，也包括国内职业教育"走出去"，主要采用的形式是院校境外设立分校、中外合作设立机构（学院）、共建国际化二级学院以及校校合作建立职业技能培训中心等。这种合作模式要求较高，目前还比较少，而依托境外或境内学校现有办学条件开展共建合作机构或二级学院投入相对较低，已成为合作办学的主要形式。

5）校企合作共建境外职业技能培训中心模式。随着"一带一路"建设的加快和国际产能合作的稳步推进，企业"走出去"对职业技能人才的需求也不断扩大。校企合作优势互补，把企业行业技术、资源和信息等优势与高校教育资源优势有效结合，校企合作共同创立境外职业技能培训中心，有利于降低企业对外投资风险和高校海外办学风险。

（2）主要形式。受访院校服务"一带一路"建设的形式主要为留学生培养，技术和标准输出，境外办学占比较小，如图 4-15 所示。

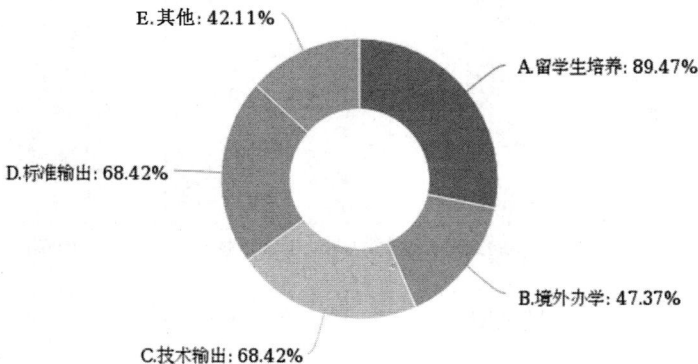

图 4-15 服务"一带一路"建设的形式

（3）境外合作办学。从境外办学来看，高职院校有境外办学项目的 6 所，尚未开展境外办学的学校 13 所，开展项目数在 5 个以下的学校 5 所，超过 5 个项目的学校 1 所。合作专业大类包括建筑工程技术、机械工程技术、信息技术、数字媒体、经管等；合作国家主要分布在老挝、泰国、坦桑尼亚、巴基斯坦、德国等；12 所院校在"一带一路"国家招收留学生，如图 4-16 所示。

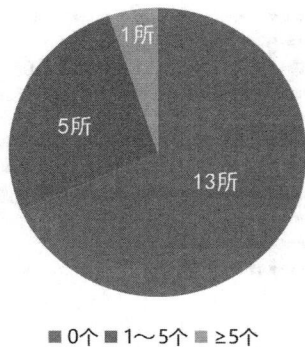

■0个 ■1～5个 ■≥5个

图 4-16 开展境外办学项目数

（4）合作动因。高职院校服务"一带一路"建设的动因主要为传播中国文化、响应国家号召、推广优势专业、输出技术等，如图 4-17 所示。

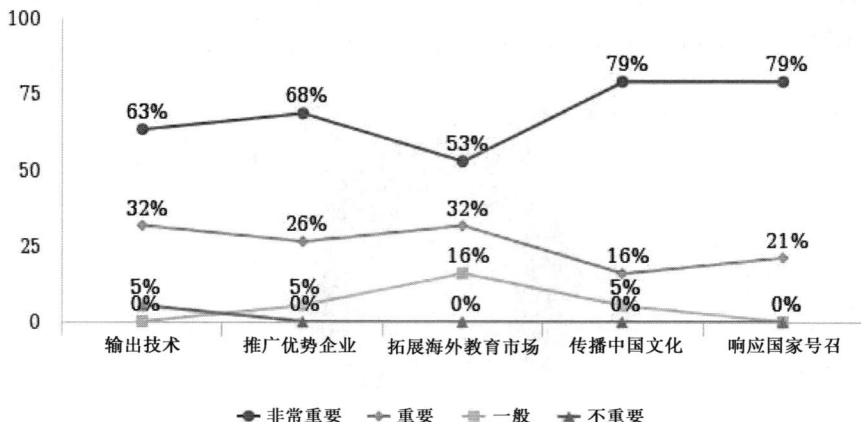

图 4-17　服务"一带一路"建设的动因

4. 服务"一带一路"建设中的企业研究

与企业合作是高职院校服务"一带一路"建设的重要途径。从调查情况来看，合作企业所属行业主要是信息技术、制造业、电子商务等，如图 4-18 所示。

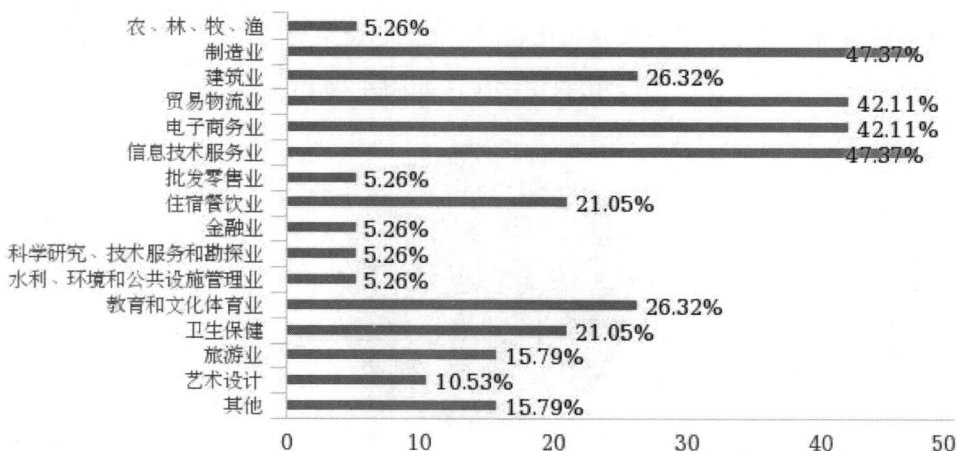

图 4-18　合作企业所属行业

（1）企业合作形式。院校合作企业当前参与办学的主要形式是共建实训基地、参与学生培养、参与教师专业发展等。合作企业参与学校学生顶岗实习实训方式主要是学生顶岗，师傅和学校教师联合指导，如图 4-19 所示。

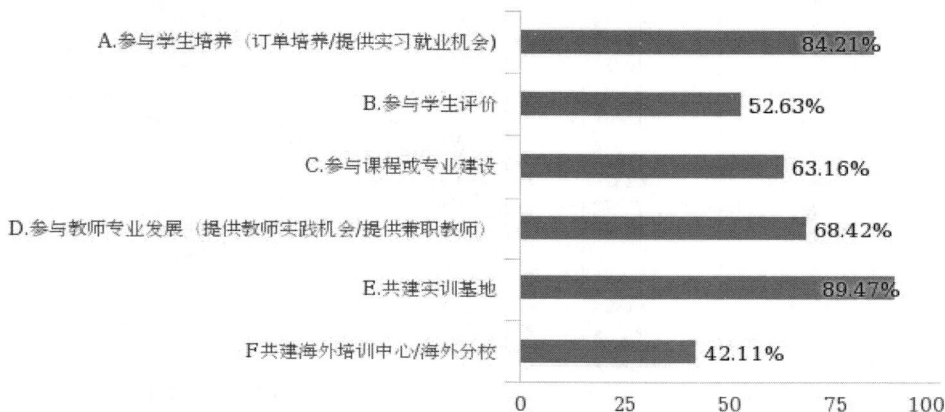

图 4-19　企业合作形式

（2）企业合作渠道及投入。企业与学校建立合作关系的前三个渠道依次是通过学校领导与教师的积极努力与企业建立联系、企业主动寻找学校建立联系等。18 所院校在校企合作中有投入，投入主要形式依次是软件、硬件、资金，如图 4-20 所示。

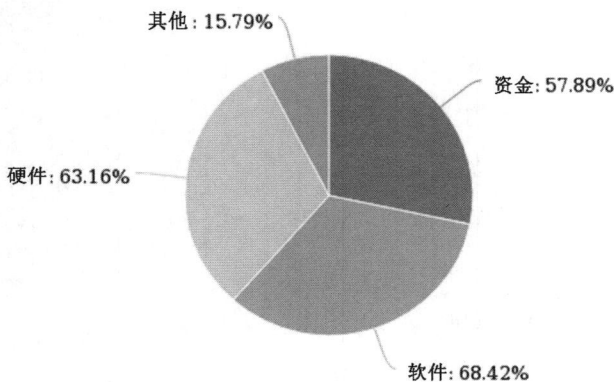

图 4-20　企业合作投入

（3）校企合作评价。从校企合作评价来看，通过校企合作，17 所院校认为毕业生岗位适应能力很好，17 所院校认为专业吻合度好，17 的院校认为教师培训职工能力好，17 所院校认为教师技术服务能力好，16 所院校认为教师科技研发能力好，如图 4-21 所示。

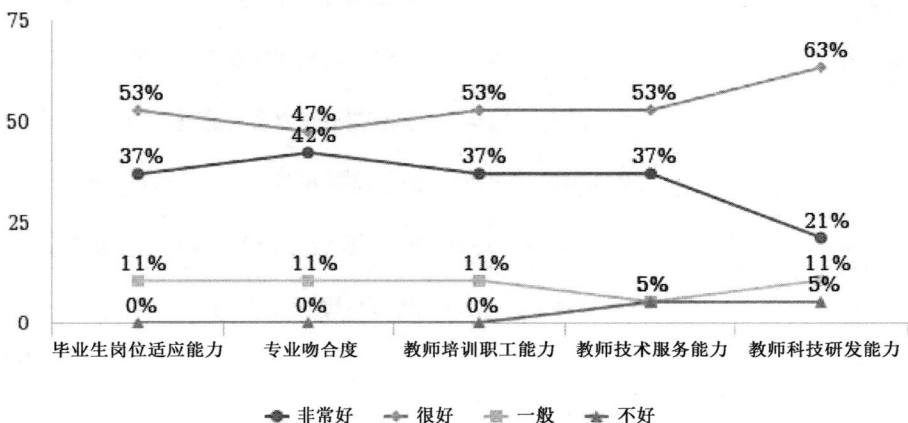

图 4-21　校企合作评价

5. 服务"一带一路"建设中的海外高校研究

（1）合作的海外高校概况。有 14 所院校与海外高校开展合作，其中，与"一带一路"沿线高校开展合作的项目数在 1～5 个的学校 7 所，项目数在 6～10 个的学校 4 所，项目数在 10 个以上的学校 3 所，未开展合作项目的学校 5 所，如图 4-22 所示。合作的"一带一路"沿线国家海外高校性质多数为公立。合作的"一带一路"海外高校的学生规模小于 5000 人的占比 73.68%，5000～10000 人的占比 26.32%。

（2）合作形式及需求。"一带一路"

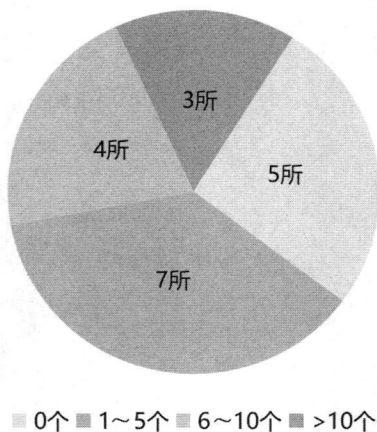

图 4-22　海外高校数量

海外高校参与高职院校国际合作的形式为师资培训、共同开发教材、专业及课程
标准等。合作的"一带一路"海外高校对合作的内容需求主要为提升国际影响力、
师资培训、汉语学习等，如图 4-23 和图 4-24 所示。

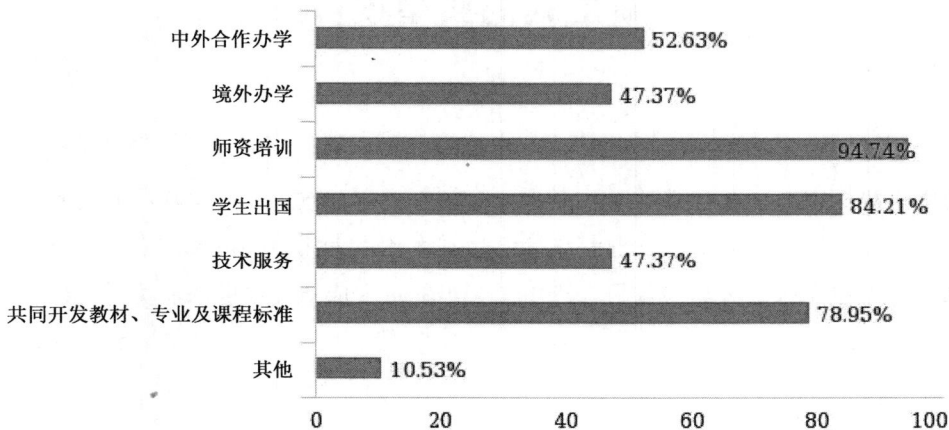

图 4-23　合作形式

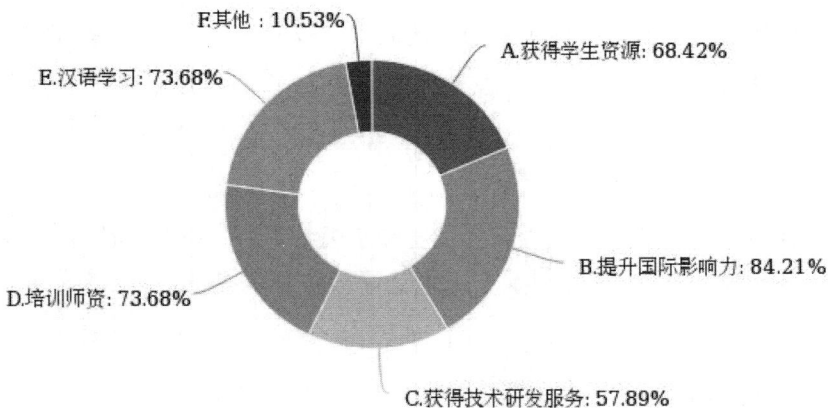

图 4-24　合作需求

第 5 章　高职国际合作 CEC 人才培养新范式的典型项目

2016 年，高职国际合作"CEC"人才培养模式建构实践方案开始实践检验，实施了包括中泰职业教育联盟、中德工业 4.0 产教融合、坦桑尼亚达累斯萨拉姆大学鲁班工坊、"走出去"企业移动通信技术人才本土化培养以及中俄智能制造国际化人才培养等 5 大典型项目，产生了突出的育人成效、显著的服务效应以及广泛的社会影响。

5.1　中泰职业教育联盟

中泰职业教育联盟（以下简称"联盟"）旨在响应中国"一带一路"倡议和培养一批服务"泰国 4.0"战略发展急需的高素质技能人才，进一步推动中泰之间职业教育的交流与合作，为中泰职业教育相互融合、共同发展搭建起了桥梁与平台。

（一）项目简介

2018 年 5 月，在重庆市教育委员会和泰国教育部职业教育委员会的指导下，重庆工程职业技术学院与泰国孔敬大学孔子学院联合发起成立中泰职业教育联盟（见图 5-1）。项目内容主要包括中泰院校合作交流、中泰师生交换交流、在线课程建设、中文+职业技能、学术研究和举办技能大赛等。

目前，联盟由重庆工程职业技术学院担任理事长单位，共拥有超过 70 所中泰各地的成员院校，下设联盟秘书处、联盟交流合作办公室等工作部门。成立至今，联盟已发展成为集合作交流、课程建设、学术研究、产教融合等领域为一体的特色中泰间职业教育合作联盟，并在不断积极探索中泰职业教育合作的新方向、谱写中泰职业教育合作的新篇章。

图 5-1　中泰职教联盟成立大会

自成立以来，联盟的工作始终高度聚焦服务"一带一路"倡议与"泰国 4.0"战略的融合，充分发挥合作对接作用，在交流互访、特色项目建设等领域促成了双方多项实质性的合作（见图 5-2）。

图 5-2　联盟成员单位挂牌海外实训基地

　　2018 年，联盟秘书处发起组织了多次学生、教师、高层领导交流活动，联盟组织了学生互访交流 2 次、教师团互访学习 2 次、高层访问 1 次、组织签约仪式 3 次，互访学生教师人数达 200 人。2019 年，各院校交流师生人数更是达 800 人次。除交流互访以外，还有一批特色合作项目落地或正在计划中。联盟依托于孔敬大学孔子学院创建了中泰高铁汉语人才培训营、中泰职业技能汉语人才培训营等品牌培训项目。还与泰国教育部职教委合作举办中泰旅游业职业人才技能强化培训营等品牌活动，收获了极好的关注及口碑。联盟还促成了成员院校重庆水利电力职业技术学院等 7 所院校签署实质性的校际合作协议。除由联盟秘书处组织的交流活动，联盟各单位也依托于联盟平台开展了丰富的交流活动，如武汉铁路职业技术学院、四川工程职业技术学院、广西职业技术学院、重庆城市管理职业学院等院校也与泰方院校开展了形式多样的交流活动。在交流项目遍地开花的同时，联盟秘书处还在不断进一步拓展交流资源，与泰国卫生部、泰国旅游部、清迈市政府、黎逸府、泰中友好协会、泰国教育部民教委、泰国民办职教协会等单位建立起了合作关系。泰国泰中友好协会、泰国前副总理恭塔帕郎西会长，对联盟发展给予了高度评价，并多次关心联盟的发展。

　　2019 年，在重庆市教委和泰国教育部职教委的指导下，联盟与中泰双方有关单位进行沟通协调，发动联盟成员单位参与建设中泰职教联盟在线课程质量标准体系。同年，联盟成员院校完成了 19 门在线课程资源建设。联盟会同重庆市教育评估院及泰国教育部有关课程专家对在线课程进行了评估认证。联盟建设的在线课程获得了中泰两国课程专家的认可并与泰国民办教育协会达成合作意向，决定共同就联盟在线课程的建设与推广进行合作。同时联盟还与泰国领先的在线教育课程平台 SISA 就联盟在线课程付费使用达成了协议。针对泰国职业教育领域汉语教学存在的问题，联盟还着力打造了 4 门职业汉语课程资源。目前联盟正在积极打造更多精品在线课程以用于两国教师、学生在线交流学习。

　　自成立以来，联盟在课程建设等方面作出了许多实质性的成果，受到了双方院校、政府部门及媒体的高度关注与良好评价。同时，联盟也积极探索在学术研究方面作出突破。目前，联盟秘书处有专人负责收集并整理泰国职业教育各类文献、政策文件及最新动态,并以月报形式发予联盟各单位及成员院校作参考使用。此月报是联盟各单位及成员院校了解泰国职业教育信息的重要途径,具有较高的学术参考价值。目前联盟正在进行的学术研究有"中泰职业教育对比研究""中泰职业教育合作前景探析"等。联盟大力汇集相关方面的各专家、学者,潜心研究,希望为中泰职业教育的未来合作和发展提供前景规划和理论支持。联盟十分重视泰国东部经济走廊战略(EEC)与"一带一路"倡议和重庆市"两点两地"发展战略的结合。联盟在现代汽车产业、智能电子产业、高端旅游及保健旅游等领域探索双方校企、校校、企企等多种合作形式。其中在智能制造领域,重庆工程职业技术学院、泰国东方技术学院与泰国 UHM 集团达成了工业机器人专业学生校企联合培养项目的合作意向,在此契机下也协助重庆华数机器等企业开拓了海外市场。在高端旅游领域,重庆医药高等专科学校与泰国养老护理协会达成了共建康养基地的合作意向。

同时,联盟依托泰国华人商会等在泰有关商会,聚集各方资源,推动联盟间校企合作,努力为院校、企业、职业人才组织搭建交流平台,让双方职业教育合作交流提质增效,促进共同发展、实现互利共赢。双方合作院校和企业在合作中收效显著,引导多家院校、中资企业在工业机器人、高端旅游、生物医药领域的公司进行了合作。

(二)项目实施

1. 实施"资源"工程,加强标准输出

(1)开发平台资源。

国际化课程建设被视为中外合作办学质量保障的重要基点。推进职业教育国际课程建设项目合作,是 CEC 模式开展高等职业教育国际合作的重要形式。通过国际高等职业教育院校和机构合作,共建共享职业教育国际课程,能够为高等职业教育国际合作开创新的载体。

在中泰职教联盟合作办学过程中,围绕"一带一路"建设需要,开发质量标准体系。建设覆盖大部分行业领域、具有先进水平的职业教育标准体系,包括平台标准、共享标准、教学标准、评价标准、认证标准、学分互认标准等。

开发数字化课程资源。以医学和疫情防控、自然科学、工程与技术、农业与生态、经济与发展、艺术与设计、智能与虚拟仿真实验、面向未来与创新创业等课程为主，建设支持中文、英语和泰语的数字化课程资源。以"一带一路"沿线国家中资企业为需求，建设中文+职业技能资源。

实施课程推广。依托联盟海外抖音账号"SinoThaiVET（中泰职业教育）"、东盟教育部长会议等，以"线上+线下"方式实施推广。线上推广采取"视频、短视频推广相结合"的方式；线下推广则采取"远程设计、线下落实"的模式。

（2）开展课程质量认证。

由于各个国家对于高等职业教育的管理制度存在差异，因此高等职业教育国际合作面临标准对接的问题。为保障高等职业教育国际合作顺利实施，CEC 模式需要加强不同国家之间高等职业教育相关标准的沟通、对接与融合，从而消除相关管理制度潜在的障碍。同时，CEC 模式还强调推进新标准的国际联合开发工作，通过国际合作新建高等职业教育相关标准，为国际高等职业教育合作提供新的标准体系，同时也提高了国内高等职业教育国际化标准的水平。

中泰职业教育联盟在实践工作中依托联盟平台，与重庆市教育评估院、泰国评估机构等合作研制联盟数字化课程资源，共建共享覆盖大部分行业领域、具有国际先进水平的职业教育标准体系，将课程应用到东盟、中亚、非洲等 10 余个国家，打造中国职业教育国际品牌。这项工作既丰富了 CEC 模式下高等职业教育国际合作的内容，又开发出了许多新的标准，为中泰两国高等职业教育领域的合作提供了更多的参考标准支持。

（3）建立双边远程教学中心和虚拟仿真实训中心。

建设双边远程教学中心。建设满足跨国别的远程教学中心，联盟中方成员单位与泰国院校及企业联合开展学历教育、非学历教育、技术服务和研发。

建设虚拟仿真实训中心。依托虚拟仿真实训中心，完成课程实训和实习。

（4）建立国际混编师资团队库。

构建包含语言、证书、企业及海外经历准入标准，每年派出项目教师进行国际资格证书培训及出国研修，实施递进式培养。

2. 实施"大赛"工程，加强专业建设

（1）开发大赛资源。

开发技能大赛标准。与世界一流企业和行业组织合作，面向产业主流技术，对接国际标准，融合世界技能大赛的技术标准和规则要求，制定联盟大赛标准。

开发技能大赛教学资源。通过竞赛转化，建设一批高质量、立体化的项目教学资源等，在实训条件、课程内容、专业建设、人才培养等方面为联盟院校提供指导。

培养国际技能大赛教师。通过竞赛培养一批"懂国际赛事规则、实践能力强、教学水平高、敬业精神佳"的双师型"种子教师"。

（2）组织参加大赛。

做好前期宣传推广。依托重庆市教育委员会、泰国职教委、中国教育国际交流协会、中华职教社等政府部门对大赛进行官方宣传。

组织参赛。开发大赛线上竞赛平台，完成项目提交、审核、展示和裁判评审等业务。推荐优秀项目参与世界技能大赛。

（3）开展大赛培训。

以技能大赛赛项内容为主题，设计裁判、选手和教师等特色培训项目内容，开展线上、线下培训。

3. 实施"人才"工程，加强产能合作

（1）开展国际产能合作。

与国际大型企业合作，培养代表中国质量和中国标准的技术应用型人才参与国际产能合作，派出师生到企业工作、实习和就业等，以及提供技术服务。

（2）开展技术技能型人才培养。

针对装备制造业、通讯信息产业、物流旅游等行业和领域，与企业合作开展学历教育和中高级技术技能型人才培训，吸引海外人才学习专业技术，培养本土化人才。

（3）开展"线上+线下""国内+国外""学校+企业"教学方式。

联盟学生线上完成选课、理论学习、辅导答疑、提交作业、远程考试等；线下主要是完成课程仿真实训和真实项目实训，学生可选择在国内或国外、学校或企业完成；学生所取得学分在合作院校相互认可。

4. 实施"宣传"工程，加强品牌推广

（1）通过政府机构提升品牌。

依托重庆市教育委员会、泰国职业教育委员会等政府机构平台多级发力，纳入政府教育发展重点工作，开展中泰职业教育国际论坛，共同助推品牌提升。

（2）通过行业企业打造特色项目。

依托中泰企业，推进中泰高铁项目，大力打造泰国东部经济 EEC 技能人才合作项目，面向智能制造等领域，共同开发国际产教融合特色项目。

（3）通过社会组织提升认知度。

通过中国教育国际交流协会、重庆市高等教育学会、重庆中华职教社、泰国民办教育协会等平台以开展中泰国际教育论坛等形式提升品牌国际认知度。

（4）通过媒体报道提升品牌影响力。

通过新华网、中国教育新闻网、重庆日报、泰国星暹日报等各国内外高质量主流媒体宣传及报道联盟成果，提升品牌国际影响力。

（三）项目成效

中泰职业教育联盟输出了一批国际一流职业教育标准，联盟标准体系被广泛采纳；建设了一批高质量国际化资源，联盟资源被泰国等东盟国家广泛使用认可；联盟大赛影响力提升；培养了一批中泰国际产能急需人才；形成中泰职教联盟品牌，项目研究成果被国内外高质量主流媒体多次宣传及报道。

中泰职业教育联盟汇聚中泰两国 73 家高职院校和企业，为中泰职业教育相互融合、共同发展搭建起了桥梁与平台。联盟成立以来，发起多次学生、教师、高层领导交流活动，组织互访学生教师人数达 1000 人次。自主研发了支持中文、泰语和英语的在线课程平台，与重庆市教育评估院共同研制了联盟在线课程标准和评估认证标准，计划组织中方成员单位 2023 年完成 100 门在线课程标准、题库资源、视频资源等建设，其中包括 80 门专业课程和 20 个中文+职业技能建设，在线资源供联盟成员单位使用。并与国家教育部在线教育研究中心的研究交流和成果应用平台"学堂在线"签订课程推广协议。中泰职教联盟国际化在线课程建设名单见表 5-1。

表 5-1　中泰职教联盟国际化在线课程建设名单

序号	学院	课程
1	重庆电子工程职业学院	面向对象程序设计
		物联网工程导论
		酒店职业汉语
		前厅服务与管理
2	重庆工业职业技术学院	电子商务项目管理（跨境、旅游）
3	重庆城市管理职业学院	运输管理
		酒水调制与酒吧管理
		模拟导游
		中华茶艺
		选美中国——中国旅游地理
		物流设施与设备
		初级会计实务
		物流岗位实务
4	重庆公共运输职业学院	铁路机车驾驶
		机车检修
		铁路系统
		铁路运输系统管理
5	重庆商务职业学院	餐饮服务与管理
		电子商务数据分析
		国际市场营销
		跨境电子商务英语
		金融科技应用
		中华传统文化
		网页设计与制作
6	重庆水利电力职业技术学院	组态技术及应用

续表

序号	学院	课程
6	重庆水利电力职业技术学院	Java 程序设计
		商务职业汉语
		电力电子技术
		电气实验
		工程力学
		水工建筑物
7	武汉船舶职业技术学院	工业机器人离线仿真
8	武汉铁路职业技术学院	城市轨道交通车辆改造
		导游服务英语
		PLC 编程及应用
		城市轨道交通信号基础设备维护
		铁路客运组织
9	重庆工程职业技术学院	PLC
		通信汉语
		道路工程
		工业机器人专业汉语
		机电一体化专业汉语
		智能控制专业汉语
		职业健康知识
		城市轨道交通通信与信号
		单片机应用技术
		电工电子技术
		工业机器人工作站系统集成
		工业机器人应用编程
		机电设备安装与维修
		机电设备管理
		机器人虚拟仿真技术与应用
		汽车电气设备构造与检修
		汽车发动机电控系统检测与修复
		基础汉语

续表

序号	学院	课程
9	重庆工程职业技术学院	通信基础与计算机网络
		通信技术导论
		物联网项目案例分析
		智能控制系统集成与装调
		BIM 技术运用
		机械材料基础
		数据结构
		汽车底盘电控技术
10	重庆化工职业学院	数据结构项目教程
11	贵州职业技术学院	酒水知识与文化
		网店运营实务
		新媒体营销实战
		农产品电子商务
		酒店服务礼仪
12	重庆三峡医药高等专科学校	病原生物学和免疫学
		基层公共卫生服务技术
		康复护理
		魅力中药
		中医护理学
		中医推拿
		中医药传统文化
		中医针灸
13	重庆医药高等专科学校	中医饮食保健学
		中医基础
		健康评估
		中医养生与传统保健技术
14	重庆电力高等专科学校	电机学
		电气设备及运行
15	重庆城市职业学院	智慧仓储精细化管理
		大学生创新创业基础与实践

中文+职业技能课程标准专业及建设单位见表 5-2。

表 5-2 中文+职业技能课程标准专业及建设单位

序号	中职专业	高职专业	牵头院校及专家数	参研院校及专家数
1	园艺技术 610105	园艺技术 410105	重庆三峡职业学院 1	重庆工程职业技术学院 1
				重庆农业学校 1
2	环境监测技术 620801	环境监测技术 420801	重庆工程职业技术学院 1	重庆化工职业学院 1
				重庆市工业学校 1
3	建筑工程施工 640301	建筑工程技术 440301	重庆工程职业技术学院 1	重庆建筑科技职业学院 1
				重庆能源职业学院 1
4	机械制造技术 660101	机械设计与制造 460101	重庆工程职业技术学院 1	重庆工商职业学院 1
				重庆公共运输职业学院 1
5	工业机器人技术应用 660303	工业机器人技术 460305	重庆工程职业技术学院 1	重庆水利电力职业技术学院 1
				重庆建筑科技职业学院 1
6	新能源汽车制造与检测 660702	新能源汽车技术 460702	重庆电力高等专科学校 1	重庆建筑科技职业学院 1
				重庆能源职业学院 1
7	食品安全与检测技术 690104	食品质量与安全 490102	重庆医药高等专科学校 1	重庆三峡职业学院 1
				山东商务职业学院 1
8	铁道运输服务 700107	铁道交通运营管理 500112	重庆公共运输职业学院 1	武汉铁路职业技术学院 1
				重庆市交通高级技工学校 1
9	物联网技术应用 710102	物联网应用技术 510102	重庆电子工程职业学院 1	重庆工程职业技术学院 1
				重庆市渝中职业教育中心 1
10	现代通信技术应用 710301	现代通信技术 510301	重庆工程职业技术学院 1	重庆电子工程职业学院 1
				贵州电子科技职业学院 1

续表

序号	中职专业	高职专业	牵头院校及专家数	参研院校及专家数
11	国际商务 730501	国际商务 530502	重庆财经职业学院 1	重庆城市管理职业学院 1
				荣昌区职教中心 1
12	跨境电子商务 730702	跨境电子商务 530702	重庆工业职业技术学院 1	重庆财经职业学院 1
				重庆财经职业学院 1
13	物流服务与管理 730801	物流工程技术 530801	重庆城市管理职业学院 1	重庆市商务学校 1
				重庆商务职业学院 1
14	旅游服务与管理 740101	旅游管理 540101	重庆工程职业技术学院 1	贵州开放大学（贵州职业技术学院）1
				重庆旅游学校 1
15	中餐烹饪 740201	烹饪工艺与营养 540204	重庆商务职业学院 1	重庆市北碚职业教育中心 1
				重庆市武隆区职业教育中心 1
16	中医康复技术 720408	中医康复技术 520416	重庆三峡医药高等专科学校 1	重庆城市管理职业学院 1
				重庆市江南职业学校 1
17	电力机车运用与检修 700102	铁道机车运用与维护 500105	重庆公共运输职业学院 1	武汉铁路职业技术学院 1
				重庆铁路运输高级技工学校 1

为进一步提升两国职教人才培养水平，巩固中泰间职业教育合作的紧密程度，展示职业教育国际化的成果风采，成功举办了"中泰职教联盟国际软件技能大赛移动应用开发赛项"；中泰职教联盟成功申报重庆市教委国际化特色项目。在国际产教融合方面也实现了突破，在联盟的努力下，重庆工程职业技术学院、华数机器人、泰国 UHM 公司在智能制造领域就设备输出、人才培养进行了合作；重庆商务职业学院与泰国 Saisamorn 贸易公司在电子商务领域就员工培训、订单培养进行了合作（见图 5-3）；重庆医药高等专科学校与泰国 Y2K 旅游公司在高端旅游和医养领域就共建康养基地、员工培训进行了合作；重庆工商职业学院与泰

国 YDH 公司在泰国挂牌了物流国际校企合作基地。通过联盟促成的双方校企合作也成为了两国人才培养的典范，学生毕业后，也受到了丰田、本田、三菱等一系列国际知名企业等用人单位的认可。

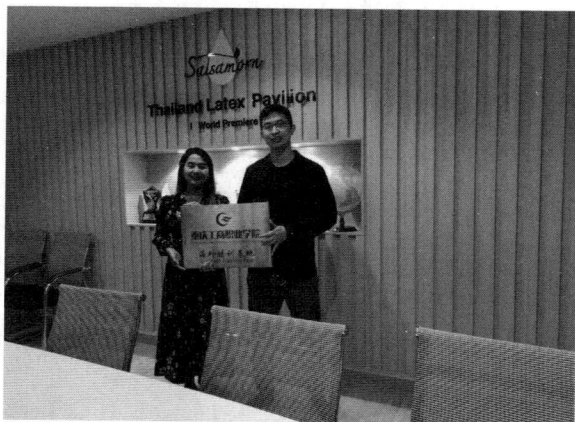

图 5-3   联盟成员单位挂牌海外实训基地

中方学校与泰国 4 所院校签订了海外远程教学基地合作协议（见图 5-4），创建了中泰高铁汉语人才培训营、中泰职业技能汉语人才培训营等学习营。重庆工程职业技术学院与泰国院校共建的远程海外教学中心正式投用并招收了第一批学历学生，在学生联合培养、中外合作办学方面迈出了关键一步。联盟成员单位重庆工商职业学院、重庆公共运输职业技术学院分别获得中国教育国际交流协会设立的"中国—东盟双百职校强强合作旗舰计划"，截至目前联盟共有 5 所中方院校和 5 所泰方院校获得本项目。联盟聚焦服务"一带一路"，助力中资企业走出去，为企业提供充分的人才后备保障。依托重庆市市长奖学金、企业奖学金和校长奖学金资助，开发并利用中泰职教联盟等平台，向"一带一路"沿线国家输出机电一体化技术、工程测量技术、移动通信技术等专业的国际标准、课程体系和课程教学资源，培养"一带一路"沿线国家本土化人才。

学院作为联盟理事长单位，已组织开展三次中泰双边交流会议。联盟成立大会时，泰国教育部副部长苏拉扎对联盟的成立发了亲笔贺信，泰国教育部职业教育委员会副秘书长萨洛庄·孔祖迪奥博士和泰国教育部部长顾问卡庄萨·泰巴育出席了联盟成立大会。此次大会得到了新华社、光明网、重庆市教委公众信息网等众多媒体的高度关注及评价。中泰职教联盟开发在线课程资源，服务"一带一路"沿线国家相关内容被新华社、重庆日报、光明网等报道，其中新华社点击量高达 57 万次。联盟建设的线上课程平台获东盟教育部长组织认可，登上东盟教育部长组织系列讲座。联盟得到泰国教育部、职教委、民办职教联盟的感谢。

图 5-4　中泰职教联盟海外远程教学基地授牌

5.2　中德工业 4.0 产教融合项目

本项目充分利用引进的德国双元制教学体系，培养具有国际视野、综合素质全面发展，具备扎实机电一体化、机器人专业基础理论和基本知识，具有良好的职业道德和人文素养，能够熟练从事工业机器人、机电一体化、智能制造等服务本地产业升级转型需求的高技能、复合型人才。

（一）项目简介

2020 年 6 月，中国教育国际交流协会开始遴选职业合作伙伴，德国 TÜV 莱茵集团计划在华东、华南、华北、西南、东北地区分智能制造、工业机器人、焊接、电动汽车、养老护理五个类别各设一个授权中心。11 月，中国教育国际交流协会"中德工业 4.0 产教融合项目"在南京正式启动（见图 5-5），浙江机电职业技术学院、重庆工程职业技术学院等四所学校成为首批项目院校，来自全国 190 余所职业院校代表见证了项目的启动。

图 5-5   中国教育国际交流协会"中德工业 4.0 产教融合项目"在南京正式启动

2021 年 1 月，我校正式与中国教育国际交流协会、德国莱茵 TÜV 集团签署"中德工业 4.0 产教融合项目"三方合作协议，重点合作专业课程国际化、产教融合基地建设等项目。3 月，"中德产教融合 4.0 项目"启动仪式在我校举行（见图 5-6）。校长张进和德国莱茵 TÜV 集团莱茵学院与生命关怀大中华区总经理陈俊东代表双方正式签约，这标志着全国首家、西南唯一的德国莱茵 TÜV 授权智能制造培训考试中心与工业机器人培训考试中心成功落户我校。

德国莱茵 TÜV 集团拥有超过 145 年历史，全球员工总数超过 20000，在大中华区拥有员工超过 4000 人，服务范围包含工业及能源服务、电子电气产品测试、通讯测试、消费品测试、人体工学评估、交通服务、轨道系统安全、绿色产品认证、莱茵学院与生命关怀、信息通信技术与商业解决方案及管理体系等服务。

图 5-6　重庆工程职业技术学院"中德产教融合 4.0 项目"启动仪式在我校举行

合作单位德国莱茵 TÜV 集团作为中国教育部国际合作与交流司认可的工业 4.0 和工业物联网培训师培训机构，在德国的知名度达 99%，在全球跨国检验检测及认证行业经营业绩排行位居前十。莱茵学院是莱茵 TÜV 集团的六大业务领域之一，2020 年 TÜV 莱茵学院在西南地区包括技术技能等培训人数的总量是 4000～5000 人，在深圳设立的首个莱茵 TÜV 工业 4.0 培训与创新中心于 2021 年 8 月份投入运行，截至目前培训了 500 多名学员。

TÜV 莱茵集团计划在华东、华南、华北、西南、东北地区分智能制造、工业机器人、焊接、电动汽车、养老护理五个类别各设一个授权中心。项目建成之后将是西南地区首个工业机器人及智能制造培训考试中心（2020—2021 年度重点打造工业机器人培训考试中心，2022—2023 年度重点打造智能制造培训考试中心），服务于重庆及整个西南片区智能制造业发展。

（二）项目实施

1. 合作共建重庆工程职业技术学院中德莱茵产业学院

围绕重庆高新区产业发展方向，通过优势互补、开放交融、整合创新资源，共建中德莱茵产业学院，开展智能制造及检测验检领域的全日制学生培养和社会在职人员培训。产业学院拟定全日制在校生 500 人，年培训社会人员 2000 人；围绕智能制造和检测检验领域开办 3～5 个高职专科专业或者高职本科专业。

2. 合作共建重庆工程职业技术学院中德莱茵创新中心

重庆高新技术产业开发区管理委员会（以下简称"甲方"），重庆工程职业技术学院（以下简称"乙方"）及莱茵技术监督服务（广东）有限公司（以下简称"丙方"）三方经充分酝酿和友好协商，在共同遵守中华人民共和国相关法律法规政策的基础上，秉持"资源共享、优势互补、互利互惠、共同发展"的原则，深入开展"政园企校"合作项目。

（1）合作共建智能制造产业人才实习实训基地。

甲方利用高新区独特的区位优势和产业、行业基础，在开发区内挂牌成立并共建智能制造产业人才实习实训基地。甲方组织园区企业对接产业学院，接收学院学生在园区企业实习实训、顶岗实习和就业。乙方组织学生到甲方园区企业实习实训、顶岗实习和就业，同时组织相关教师深入甲方园区生产一线实操锻炼，增强感性认识和实际操作能力，提升教学质量，同时邀请企业一线能工巧匠走进产业学院课堂，为产业学院人才培养、专业建设、课程建设、实习实训建言献策。丙方按照德国双元制校企合作要求为乙方学生的实习实训提供指导，评估学生实习实训的过程。

（2）合作开展智能制造产业人才培养。

甲方组织所辖产业园区和园区的优质企业与乙方丙方进行深度合作，通过联合招生、联办专业、联办主题班、联办订单班等方式共同培养甲方园区内智能制造产业所需的各类人才。乙方负责按照德国双元制人才培养模式实施产业学院学生的专业教学，大一阶段的通识课程、专业基础课程在乙方本部校内完成，大二至大三阶段的专业性、实践性较高的课程到甲方园区内校园及企业中完成。丙方负责为产业学院相关专业提供德国双元制职业教育要求的相关资源与服务。

（3）合作共同打造中德检验检测工程研究中心。

乙方利用自身的院士工作站、博士后流动站等智力资源和重庆市高校工程中心、实验室等设备资源，与甲方所辖园区和园区企业及莱茵联合共建中德检验检测工程研究中心，联合开展产品研发、技术服务、科研成果转化和产业培育等活动，助推产教融合发展。乙方将甲方作为学校教师实践研修基地并授牌，甲方积极组织所辖园区及园区企业与乙方的专家团队、骨干教师联合开展课题研究、项目申报、技术攻关、成果转化、教学研修、顶岗培训等活动。丙方将依托德国标准，为平台引进先进管理技术理念、方法和成果，促进中德产学合作及先进技术转移。

（4）合作共同打造技能人才培训基地。

甲乙丙三方在园区内共建"智能制造产业人才培训基地"对园区和其他人员开展培训和认证。乙方将德国莱茵授权的西南地区首家"德国莱茵 TÜV 授权智能制造培训考试中心"和"德国莱茵 TÜV 授权工业机器人培训考试中心"业务同步到园区内，面向甲方、西南、东盟开展智能制造产业技术技能培训和莱茵认证培训。甲方负责积极组织所辖园区及园区企业参加乙方组织的莱茵认证培训。丙方负责委派专家团队，对乙方提供相应的培训、咨询及审核服务，在乙方通过培训中心审核以后，授权乙方挂牌"德国莱茵 TÜV 授权工业机器人培训考试中心"和"德国莱茵 TÜV 授权智能制造培训考试中心"。

（三）项目成效

我校与中国教育国际交流协会、德国莱茵 TÜV 集团联合开展双高专业群高水平服务基地和专业认证（见图 5-7）。2021 年 10 月，在重庆市教育委员会的支持下，我校已建成西南唯一的德国莱茵 TÜV 授权培训与考试中心 2 个，"德国莱茵 TÜV 授权智能制造培训考试中心"和"德国莱茵 TÜV 授权工业机器人培训考试中心"（见图 5-8 和图 5-9）。"机电一体化技术"专业通过德国莱茵 TÜV 职业教育专业建设认证，成立中德莱茵产业创新中心，并在我校七十周年校庆仪式上正式揭牌（见图 5-10）。该中心由我校与重庆高新区管委会、德国莱茵三方合作共建，旨在培养智能制造领域技能人才、能工巧匠、大国工匠，为重庆经济社会发展提供有力的人才支撑和技能支持。

依托德国莱茵 TÜV 授权培训考试中心，我院已完成机电一体化专业 15 名教师莱茵讲师认证，该认证包括建设的组织/管理、校企合作、教学大纲、设备、教学人员、考试系统/证书六大模块。

图 5-7　我校和德国莱茵 TÜV 集团正式签约

图 5-8　专业认证授牌仪式

图 5-9　培训与考试中心授牌仪式

图 5-10　中德莱茵产业创新中心揭牌

"中德工业 4.0 产教融合项目"作为我校十四五规划开局的第一个国际合作项目，将为提升我校国际化办学能力和产教融合水平提供一体化解决方案。项目紧跟重庆智慧重镇、智造名城发展方向，契合重庆市大数据智能化引领创新驱动发展战略，深度服务重庆及西南地区装备制造产业智能化升级，以及双高专业群高水平专业建设。本项目在疫情常态化下是中德两国职业教育的创新合作，为重庆在推进新时代西部大开发和推进共建"一带一路"中提供技术支持、人才培养。我校将与德国莱茵 TÜV 集团、中国教育国际交流协会一同打造国际一流水平的职业教育标准。

5.3　坦桑尼亚达累斯萨拉姆大学鲁班工坊

为响应国家"一带一路"倡议及中非合作论坛"八大行动"，中国已成为坦桑尼亚最大工程承包方，在坦中资企业为当地创造了 15 万个就业岗位。坦桑尼亚五年规划中正在推进国家工业化，亟需房建与土木工程类专业国际化人才促进国家进一步发展。坦桑尼亚同时也是中国产业转移试点之一，当前坦方缺少技术工人，迫切需要推进职业教育，中方职业院校的到来，适合当前坦方国家大环境。坦桑尼亚达累斯萨拉姆大学鲁班工坊的主要目标在于支持坦桑尼亚政府的 2025 年工业发展计划，并加强坦中关系。

（一）项目简介

坦桑尼亚达累斯萨拉姆大学鲁班工坊（以下简称"坦桑尼亚鲁班工坊"）合作三方分别为重庆工程职业技术学院、中资企业坦桑尼亚联合建设国际有限公司、坦桑尼亚达累斯萨拉姆大学孔子学院。我院获得授权在中华人民共和国境内向学生提供职业培训项目，旨在推动"一带一路"倡议。达累斯萨拉姆大学孔子学院，是一所经达累斯萨拉姆大学与中国浙江师范大学批准设立的学院，获得授权在达累斯萨拉姆大学开展学术与培训项目。坦桑尼亚联合建设国际有限公司是一家依据坦桑尼亚法律正式成立的有限责任公司，获得许可开展土木与建筑工程承包业务。坦桑尼亚鲁班工坊主要通过"国内+国外"、"线上+线下"和"理论+实践"等多种方式，开展技术服务、师资培养、资源开发、非学历教育、学历教育和人文交流活动等。图 5-11 所示为我院党委书记易俊带队赴达累斯萨拉姆大学交流。

图 5-11　2018 年 5 月我院党委书记易俊带队赴达累斯萨拉姆大学交流

坦桑尼亚鲁班工坊项目由重庆工程职业技术学院（以下简称"CQVIE"），坦桑尼亚达累斯萨拉姆大学孔子学院（以下简称"CIUDSM"），坦桑尼亚联合建设国际有限公司（以下简称"G6"）协同完成，各方职责分别为：CQVIE 负责每年至少提供 2 名教师，为期 5 年，每年这 2 名教师应至少在坦桑尼亚工作 9 个月；组织培训项目，使在坦桑尼亚成功入学的学生来华接受 CQVIE 为期一月的培训；为来华培训的学生提供一切后勤支持；为教师提供薪金、差旅费以及在项目期间往返坦桑尼亚的其他必要费用。CIUDSM 负责招生、宣传推广以及新生录取；提供教室设施，供学生使用；为学生提供入学协助，并为坦桑尼亚鲁班工坊提供其他后勤支持；确保坦桑尼亚鲁班工坊所提供培训项目获得所有必要的政府与行业的批准。G6 负责为项目提供所有必要后勤支持；为学生提供在坦桑尼亚境内各建筑工地的实习项目；为成功完成培训课程的候选人提供工作机会。CIUDSM、CQVIE 和 G6 共同负责制定学生录取标准，并确保录取的学生符合该标准；共同设置考试，并监督考试的评分以及学术委员会的批准；共同协商制定项目培训大纲，课程由 CQVIE 制定。

2017 年，我院与坦桑尼亚联合建设国际有限公司签订了《重庆工程职业技术学院－坦桑尼亚联合建设国际有限公司校企合作协议》，联合培养房建和土木工程类专业国际化人才。在此基础上 2018 年签订了《重庆工程职业技术学院坦桑尼亚鲁班学院》，成立坦桑尼亚鲁班学院暨远程教育中心（见图 5-12），与当地政府合作，共同为当地政府、高校、中资企业和他国企业培养建筑、路桥和测量等工程类中高级管理人才和技术技能人才。2019 年，与坦桑尼亚联合建设有限公司、坦桑尼亚达累斯萨拉姆大学孔子学院联合成立坦桑尼亚达累斯萨拉姆大学鲁班工坊（见图 5-13）。2020 年，坦桑尼亚鲁班工坊加入教育部鲁班工坊建设联盟，成为首批发起单位和副理事长单位。2021 年，我院入选教育部"技能非洲计划"课程建设工作组秘书处，同时入选"中非应用型人才联合培养项目"首批试点院校。

图 5-12　2019 年 3 月我院坦桑尼亚鲁班学院暨远程教育中心挂牌仪式

图 5-13　2019 年 6 月坦桑尼亚达累斯萨拉姆大学鲁班工坊揭牌仪式

（二）项目实施

1. 成立坦桑尼亚鲁班学院暨远程教育中心

2018 年，我院与坦桑尼亚联合建设国际有限公司签署《重庆工程职业技术学院坦桑尼亚鲁班学院合作框架协议》，成立鲁班学院暨远程教育中心。项目采取"2+1"（2 个月在坦桑尼亚培训及 1 个月在重庆工程职业技术学院培训）培训方式，对坦桑尼亚联合建设国际有限公司为代表的海外中国企业及其关联企业培养高级技术型技能人才进行建筑工程技术培训。2019 年 3 月，我院选派 3 名教师赴坦桑尼亚，向坦桑尼亚联合建设国际有限公司等企业管理人员、项目经理、工程技术人员开展技术咨询服务，我院教师从项目管理、施工技术、内业管理等方面向公司提供技术支持（见图 5-14～图 5-16）。现已完成了 200 余名坦桑尼亚学员的技术技能培训。

图 5-14　我院土木工程学院教师陈杨在坦桑尼亚远程教育中心开展技术咨询服务讲座

图 5-15　我院土木工程学院教师蒋博林为坦桑尼亚鲁班工坊学员进行技术指导

2. 举办中坦职教论坛

2019 年 6 月，坦桑尼亚达累斯萨拉姆大学鲁班工坊成立之际，我院与坦桑尼亚联合建设国际有限公司、坦桑尼亚达累斯萨拉姆大学共同开展国际化建筑、路桥和测量人才需求调研，并与中国教育国际交流协会、坦桑尼亚达累斯萨拉姆大学共同完成了首届中坦职业教育合作论坛（见图 5-17），提出了 CEC（College& Enterprise&College）国际合作办学模式。

图 5-16　我院 3 名专业教师在坦桑尼亚远程教育中心开展教学

图 5-17　中国驻坦桑尼亚大使馆文化参赞高炜先生致辞

3. 开展重庆工程职业技术学院——坦桑尼亚建设工程中高级管理人员联合培养项目

为推进共建"丝绸之路经济带"和"21 世纪海上丝绸之路"，与"一带一路"

沿线国家加强教育合作，为沿线各国民心相通架设桥梁，为沿线各国政策沟通、设施联通、贸易畅通、资金融通提供智力支撑，推动我市教育发展与经贸合作并驾齐驱，重庆市自 2017 年开始实施"重庆市人民政府外国留学生市长奖学金丝路项目"。

学院连续获得 2018—2021 年重庆市政府外国留学生市长奖学金丝路项目资助，开展重庆工程职业技术学院－坦桑尼亚建设工程中高级管理人员联合培养项目（以下简称"坦桑尼亚丝路项目"）。项目培训为期 1 个月，通过"国内+国外""线上+线下""理论+实践""技能+文化"的方式，使学员具有中级土建施工员应具备的专业理论知识和专业技能（见图 5-18 和图 5-19）。根据本职业岗位的要求，以培养职业能力为主线，融入专业技能知识的课程体系。构建适应当地学员需求的知识、能力、素质相结合的项目化课程体系，进一步完善和发挥国内生产型实训基地的作用，强化学员职业能力的培养，使其能力符合职业岗位的要求，从而促进学员综合素质的全面提高。现已培养 135 名熟悉中华传统文化、巴渝文化、中资企业急需的本土化技术技能人才。

图 5-18　2020—2021 年重庆工程职业技术学院－坦桑尼亚建设工程
中高级管理人员联合培养项目开班典礼

图 5-19　2018 年 6 月坦桑尼亚建筑工程中高级管理技术学员在我院参加培训

　　坦桑尼亚驻华大使姆贝尔瓦·凯鲁基专程赴我院参加 2019 年坦桑尼亚建筑高级管理技术技能培训班结业典礼，为学员颁发结业证书并讲话，希望中坦双方在各领域共同发展（见图 5-20）。该项目同时受到了坦桑尼亚媒体的关注，坦桑尼亚 *Daily News*（每日新闻）报纸对该项目进行了报道，相关报道见图 5-21～图 5-24。

图 5-20　坦桑尼亚驻华大使姆贝尔瓦·凯鲁基为我院坦桑尼亚丝路项目学员颁发证书

图 5-21　The Guardian 关于坦桑尼亚学员在我院培训的报道

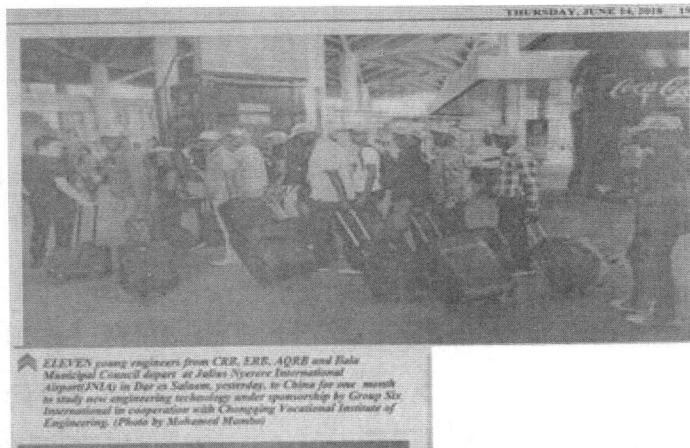

图 5-22　*Daily News* 关于我院坦桑比亚丝路项目的报道

图 5-23　联合建设董事长黄再胜就"坦桑尼亚丝路项目"接受媒体采访

图 5-24　学员巴拉卡接受当地电视台采访

4. 入选中国教育部"技能非洲计划"项目

我院于 2021 年成为中国教育部"技能非洲计划"项目首批 14 个试点院校之一。教育部"技能非洲计划"项目，主要内容包括三个部分：中非应用型人才联合培养项目、中非职业技能等级证书培训项目和非洲职业技术教育骨干教师培训项目。受中国教育国际交流协会委托，重庆工程职业技术学院成为"技能非洲计划"中非人才联合培养子项目课程建设工作组秘书处，组织筹建项目专业及课程标准建设。

（1）中非应用型人才联合培养项目。我院与坦桑尼亚达累斯萨拉姆大学、坦桑尼亚联合建设国际有限公司联合培养土木工程领域学历留学生。由达累斯萨拉姆大学招收非洲普通高中或中等职业院校优秀毕业生，培养模式主要为"1+2+1"，第一年在达累斯萨拉姆大学学习，第二年和第三年在重庆工程职业技术学院学习，第四年在达累斯萨拉姆大学和坦桑尼亚联合建设有限公司学习实习，毕业获得达累斯萨拉姆大学本科文凭和重庆工程职业技术学院专科文凭、技能证书。第五年选拔本项目优秀学生来华攻读硕士学位，并联系政府奖学金。

（2）中非职业技能等级证书。以中国产业标准和教学标准为基础，结合非洲实际情况，研发适合非洲青年的中非职业技能等级证书，证书授予对象为非洲学生和在职人员，分为初级、中级和高级三个等级，获得在非中资企业的认可并成为就业准入门槛；后续力争获得非洲各国政府和行业部门及企业的认可。由中国教育国际交流协会在中国设立考点并组织各专业证书考核；授权非洲技术大学和学院协会（CAPA）与中资企业合作在非洲各国设立考点并组织各专业证书考核。首批选取建筑、电子电气、机械三个专业群进行试点研发。

（3）非洲职业技术教育骨干教师培训。为配合"中非应用型人才联合培养"项目实施和"中非职业技能等级证书"在非推广，组织专家对非洲项目院校骨干教师进行培训。计划每年培训 30 名非洲骨干教师。考虑疫情原因，2021 年首批通过"线上+线下"模式培训 25 名非洲应用型、职业技术院校的建筑类专业教师。培训对象为非洲项目院校校领导、教学负责人、相关专业带头人等。培训内容包括理论知识、前沿专业技术、教育理念、教学方法、课程设计和评价等。中国教育国际交流协会将为通过培训课程的非洲教师颁发结业证书。

5. 开展资源建设

一是标准建设。我院与坦桑尼亚职业培训局、达累斯萨拉姆大学、在坦企业等合作研制课程资源共建共享标准体系，建设覆盖大部分行业领域、具有国际先进水平的职业教育标准体系，包括平台标准、共享标准、教学标准、评价标准、认证标准、学分互认标准等。二是专业课程资源建设。围绕建筑工程、测量工程、机电一体化、信息自动化等工业类课程为主体课程，根据坦桑尼亚社会经济发展需求，建设国际贸易实务、微观经济学等经济发展相关课程。现已建成 10 门支持中文、英文的数字化课程资源并通过专家认定。三是职业汉语资源建设。以坦桑尼亚等"一带一路"沿线国家中资企业为需求，建设职业汉语教学视频和职业汉语字典等数字化资源。现已有 9 门职业汉语课程通过申报，确定课程建设团队，打造职业汉语文化包。四是建设虚拟仿真实训中心。通过已有的重庆工程职业技术学院坦桑尼亚远程教育中心，将建成的课程资源输送至坦桑尼亚鲁班工坊，学员通过在线课程，学习相关课程。为进一步扩大培训规模，根据在坦中资企业需求，将在坦桑尼亚建立虚拟仿真实训中心。

6. 国际化师资队伍建设

根据我院《重庆工程职业技术学院教师出国（境）研修管理办法（试行）》，每年拟选派 20 名教师出国研修，根据选派规定，所有出国研修教师回校需双语授课，我院组织人事处考核并遴选出具备双语教授专业课程的海外留学生师资队伍，为我院长短期留学生提供师资保障。我院与英国达德利技术学院签署《合作交流协议书》，给我院土木工程学院教师进行建筑信息模型（BIM）培训，教授英国职业院校最新 BIM 课程的课程大纲、教学内容及标准等，提升我院教师队伍专业国际化水平。派遣优秀专业教师到坦桑尼亚鲁班工坊，对与我院合作的鲁班工坊的本土化老师开展职业技术培训及指导，并在坦桑尼亚联合建设国际有限公司进行工程实践，增进教师对国际化教学的认识与了解。借助坦桑尼亚联合建设国际有限公司的丰富经验和资源，合作开发专业核心课教材，提升教师的国际化教学水平。

（三）项目成效

1. 服务国家战略

为响应国家"一带一路"倡议，中国已成为坦桑尼亚最大工程承包方，该项目将针对坦桑尼亚政府及企业需求，培养建筑、路桥和测量等专业中高级技术技能型人才，及施工生产、服务、技术和管理为一体的中高级管理人才，推进坦桑尼亚国家工业化，同时输出中国标准和模式。

2. 发展留学重庆

优化来华留学结构，重点扩大"一带一路"沿线国家来华留学生，培养适需的境外人才。本项目为留学重庆和留学重庆工程职业技术学院提供了优质而稳定的生源，让更多的坦方政府官员、企业高管和高校教师了解重庆文化、基础建设和职业教育等，让其成为连通重庆与坦桑尼亚文化、经济和教育的纽带。

3. 完善"中国文化+工程技术"培养模式

与国内外企业、政府部门和高校共同开展国际化建筑、路桥和测量人才需求调研，开发课程标准和教学资源，制定国际化人才培养方案，提升我院相关全英文专业建设和国际化课程，完善"中国文化+工程技术"培养模式。

4. 提升学院师资队伍，提高学院人才培养质量

通过教师境内外全英文教学和技术服务，逐步培养一批能与国际同行开展交流、沟通、研究的国际化教学、科研和管理骨干队伍，满足中外合作办学、境外

办学、国际化人才培养和社会服务的需求，最终培养具有国际视野、通晓国际规则，具备国际技能、能够参与国际竞争的技术技能型人才，提高人才培养质量。

5. 提升学院国际影响力

2019 年 12 月，非洲驻华使节团参观了学院"一带一路"职业教育成果展（见图 5-25），详细了解了我院重庆市政府外国留学生市长奖学金丝路项目——重庆工程职业技术学院坦桑尼亚建设工程中高级人才联合培养项目、坦桑尼亚达累斯萨拉姆大学"鲁班工坊"、教育部中外人文交流中心南非学生来华学习实习项目等中非职业教育合作方面的相关情况，并对我校在服务"一带一路"建设过程中创新合作模式，广泛开展国际合作办学的积极探索和实践表示肯定和赞誉。

图 5-25　非洲驻华使节团在我院建筑实体仿真实训基地参观

5.4　"走出去"企业移动通信技术人才本土化培养项目

学校积极贯彻落实党中央、国务院关于深化产教融合的部署和要求，以服务"5G 新基建"和"一带一路"为主要宗旨，以立德树人为根本任务，通过国与国、校与校、校与企多维度推进，按行业技术标准和海外中资企业岗位需求培养国际

化 5G 技术人才，解决中兴通讯等海外中资企业人才本土化问题，提升学校国际
办学水平，服务国家"一带一路"倡议。

（一）项目简介

学校依托教育部－中兴通讯 ICT 行业创新基地，与"走出去"企业中兴通讯
股份有限公司、西欧华为、乌兹别克斯坦塔什干国立东方学院、德国爱科特教育
集团等企业及院校合作，实施三方协同机制，由国内外院校提供师资、教学内容、
校内实训和理论指导，由企业提供技术、人员、实训场地或资金，开展移动通信
技术人才本土化培养项目，培养国际产能急需人才，服务国际企业。

2015 年，学校与中兴通讯股份有限公司签署"教育部－中兴通讯 ICT 行业创
新基地"合作协议（见图 5-26），双方共同建设功能完整的信息通信技术实践教学
与科研平台，共同建设及运营充分实现校企协同育人的专业，促进 ICT 专业群快
速发展。

图 5-26　教育部－中兴通讯 ICT 行业创新基地签约仪式

同年，依据"ICT 基地"共建协议，中兴通讯授权北京华晟经世信息技术有
限公司和学校以"共同投入、共同管理、共同教学、共同就业、共同服务、共同

收益"的产教融合新模式共建混合所有制二级学院"重庆工程职院中兴通讯信息学院"（见图 5-27）。学院建设目的是校企双方实践和探索适应高职发展的科研体系，创新校企联合培养人才的机制，推进专业的管理体制、投入体制、办学体制、科研体制改革，形成科研与教学协同发展的职业教育新模式。学院开设移动通信技术和云计算技术与应用等专业。

图 5-27　中兴通讯信息学院揭牌仪式

2016 年，学校和企业深度合作，双元培养移动通信国际化人才。与中兴通讯股份有限公司签订《重庆工程职业技术学院－中兴通讯股份有限公司服务国家"一带一路"倡议合作框架协议》，实施中兴通讯"一带一路"海外技术人才联合培养项目。

2017 年，学校面向"一带一路"沿线国家俄罗斯、乌兹别克斯坦、吉尔吉斯斯坦、孟加拉、老挝、泰国等国招收学历留学生。首次招收移动通信技术专业学历留学生，实现我校招收学历留学生的历史突破。2019 年成为教育部中外人文交流中心"人文交流经世项目"首批入选院校（见图 5-28）。

2021 年学校与德国爱科特教育集团合作共建德国 5G 国际学院（见图 5-29），将推出具有国际影响力的 5G 专业标准、课程标准和教学资源，培养西欧本土化通信技术人才，积极打造中国职业教育品牌。

图 5-28　教育部中外人文交流中心"人文交流经世项目"首批入选院校

图 5-29　德国 5G 国际学院揭牌仪式

（二）项目实施

1. 在国内成立中兴通讯信息学院

中兴通讯信息学院成立于 2016 年，是学校和中兴通讯股份有限公司以双方资源的深度融合方式共同成立的具有混合所有制特征的二级学院。

中兴通讯信息学院为合作办学的管理与运营机构。学院隶属于学校领导和管理，采取"学校主导，企业主体，师生参与，校内实施"的模式开展建设和运营。为了更好地服务国家"一带一路"倡议，学校与中兴通讯股份有限公司在学院的基础上，成立了"一带一路"国际学院、丝路学院，为"一带一路"沿线国家及中兴通讯在沿线国家的机构培养移动通信技术应用型人才。

中兴通讯信息学院、"一带一路"国际学院、丝路学院的管理团队由校企双方共同构成。具体为：信息工程学院院长、专业团队负责人、中兴通讯项目经理、中兴通讯招生就业经理（产品经理）组成。中兴通讯信息学院院长由学校信息工程学院院长兼任，负责中兴通讯信息学院全面工作；中兴通讯信息学院副院长由中兴通讯项目经理担任，是企业方在混合所有制方面办学的全权代表，负责管理合作学院日常工作和企业方师资的管理；校方专业团队负责人负责混合所有制学院的日常管理、制度建设、专业发展等。

移动通信技术专业为学校重点建设专业，重庆市在建骨干专业。双方选择移动通信技术、云计算技术与应用相关专业或方向作为合作专业，在白俄罗斯与中兴通讯共同筹建海外丝路学院，共同开展校企合作育人，开展与行业无缝对接的人才培养新模式。

2. 在海外成立德国 5G 国际学院

2021 年 10 月，学校与德国爱科特学校签署了"重庆工程职业技术学院－德国爱科特 5G 国际学院合作备忘录"。德国 5G 国际学院是重庆工程职业技术学院和德国爱科特学院共建，以重庆工程职业技术学院现代通信专业课程体系为教学载体，以德国爱科特学院为招生、教学主体的职业教育和继续教育学院，双方共同开展课堂外的 5G 技术相关教学研学活动、人才培养、教师培训和技术服务。

德国 5G 国际学院是全国第一所高职院校在德国建立的境外合作办学机构，由学校现代移动通信技术专业团队负责，该专业团队是国家级职业教育教师创新团队，与华为、中兴等企业共建产业学院和实训基地。该专业是学校的优势专业、国家级骨干专业，其专业水平排名全国第二。德国 5G 国际学院将以学校通信专业课程体系为载体，融入华为等企业证书，与德国爱科特学院在 5G 通讯技术方面深度合作，发挥各自优势，学校推出具有国际影响力的 5G 专业标准、课程标准和教学资源，开展 5G 技术相关人才培养、师资培训和技术服务，培养西欧本土化通信技术人才，为我国通信行业"走出去"企业提供服务，同时建立中国职业教育品牌。

3. 开发资源

（1）共同制定标准。成立团队和管理办法，校企共同开发《光宽带网络建设》等技能等级证书，共同参与行业、企业、课程等标准制定，形成校企共同开发标准机制。

（2）共同开发课程。制定课程建设管理办法，校企共同制定融岗位能力、技能竞赛、行业证书的产教融合人才培养方案，开发"岗课赛证"融通课程体系，打造《Windows 服务器配置与管理》等国家级优质课程资源。

（3）共建混编师资队伍。组建互聘互用"懂生产、会教学"的教师组建混编师资团队，校企师资共同参加学校党建、工会、教学教研，也参加企业生产、管理及技术改造。实施"师德为先、融合管理、互培互训"的校企混编师资团队融合路径，定岗定责定绩效，提升团队合力。企业教师通常缺乏立德树人的信念，教学技巧和方法有待提高，并且有可能传授给学生不太正确的价值观，而学校教师的工程实践能力相对企业教师来说要弱一些。通过混编团队，融合管理，开展互培互训，相互促进提高。

4. 人才培养

本项目采用2+1人才培养方式。针对国内学生，2015年开始在移动通信技术专业及云计算专业招生，除专业课程外，还引入了企业课程、国际化课程等，培育了移动通信技术专业学生500余名。

2017年开始招收移动通信技术专业学历留学生，前两年在学校学习，最后一年回国到企业顶岗实习。学校培养了50余名来自乌兹别克斯坦、塔吉克斯坦、老挝等7个国家的来华留学生，留学生规模位居全校所有专业之首。

（三）项目成效

1. 专业影响

建成国内一流移动通信技术专业。移动通信技术专业被教育部认定为骨干专业，2020年全国专业排名第二。

2. 教研教改成果

2019 年，杨娟同志参与开展的"高职教育国际工作 CEC 模式探索与实践"试点荣获重庆市第三届教育综合改革试点成果二等奖。

2020 年，"文明互鉴、三方共建、双元培养"高职国际合作 CEC 模式的构建与创新实践荣获全国煤炭行业教学成果奖一等奖（见图 5-30）。

3. 国内外学生培养质量大幅度提升

学生培养质量显著提升，近四年学生获得国家级奖励 130 余项，其中 2019 年全国职业院校技能大赛国赛一等奖 3 项，荣获互联网+创新创业大赛国赛职教

图 5-30 全国煤炭行业教学成果奖一等奖

赛道国赛银奖。2018 年起，留学生参加行业技能大赛（同专科、本科、研究生不分组）每年都斩获国赛一等奖（见图 5-31 和图 5-32），该项目还获得了重庆市人民政府外国留学生市长奖学金资助。

图 5-31 国家级赛项一等奖相关证书

图 5-32　大学生移动通信技术大赛总决赛"一带一路"国际生组一等奖（全国第一名）

　　60%以上学生考取北京华晟经世信息技术有限公司 1+X 5G 移动网络运维职业技能等级证书（见图 5-33）；10%以上学生考取华为 5G 高级工程师证书（行业证书），见图 5-34。

图 5-33　职业技能等级证书（1+X）

图 5-34　行业证书

4. 学校影响力大幅度提升

中央政治局委员重庆市市委书记陈敏尔（2019）、全国人大常委会副委员长艾力更·依明巴海（2020）等国家领导人先后视察并给予肯定，受到教育部综合改革司彭斌柏副司长（2018）的认可。该项目被中国青年报、华龙网、新华网、重庆日报相继报道 100 次以上，学校领导、老师在校外作该成果相关学术讲座共计 50 余次，接待来访交流 300 余次，发表高质量产教融合、校企合作教育教学改革方面的论文 50 余篇，被引 500 余次，具有较大的理论与实践推广价值。

2019 年 12 月，外交部组织喀麦隆驻华大使马丁·姆帕纳等 22 个非洲国家驻华使节团一行 30 余人来访我院专题交流"一带一路"职业教育成果，并盛赞 CEC 国际合作模式；由 6 所学校组成的泰国职教院校代表团参观交流并盛赞办学模式；乌兹别克东方大学代表团来访交流并高度赞扬合作模式。

5.5 中俄智能制造国际化人才培养项目

随着国家"一带一路"倡议的推进和深入，越来越多装备制造企业走出去，开展产能合作，为"一带一路"沿线各国兴建基础设施，现有装备智能制造技术技能人才满足不了国际化人才需求。中俄两国就共同建设"一带一路"达成共识。2014 年中俄签署了《中华人民共和国教育部和俄罗斯联邦教育科学部关于支持组建中俄同类高校联盟的谅解备忘录》，开启了从政府层面引导构建高校之间对口合作的新机制。中俄两国院校都有强烈的合作意愿，优势互补、合作共赢。

（一）项目简介

学校依托中外合作办学机构"重庆工程职业技术学院智能制造国际学院"，与北京华晟经世信息技术有限公司、与莫斯科国立工艺大学（斯坦金）以创新合作办学模式为基础，利用三方优势资源，紧密结合智能制造产业发展，实施三方协同机制，由国内外院校提供师资、教学内容、校内实训和理论指导，由企业提供技术、人员、实训场地或资金，以服务智能装备制造业发展为需求，通过构建"专业技术+人文素养"虚实交错的现代学徒制人才培养模式，打造"工业软件+智能制造"相融合的课程体系，开展中俄智能制造国际化人才培养项目，共同培养机电一体化技术、工业机器人技术、软件工程技术专业国际化高素质技术技能型人才。

（二）项目实施

1. 成立中外合作办学机构

2020 年，学校与莫斯科国立工艺大学（斯坦金）签订《中俄合作办学协议书》。2021 年，经重庆市人民政府批准，同意重庆工程职业技术学院与俄罗斯莫斯科国立工艺大学（斯坦金）合作举办重庆工程职业技术学院智能制造国际学院。重庆市教育委员会向教育部国际司发函商请同意重庆工程职业技术学院与俄罗斯莫斯科国立工艺大学（斯坦金）合作举办中外合作办学机构备案。2022 年，完成重庆工程职业技术学院智能制造国际学院教育部备案并核定批准书编号。

合作办学机构管理机构名称为联合管理委员会（以下简称"管委会"），管委会由重庆工程职业技术学院和莫斯科国立工艺大学（斯坦金）共同组成，由 11 名委员组成。联合管理委员会对于学院的整体管理具有决定权，具体包括：选举联合管理委员会的成员；聘任、解聘学院院长；解释和修改学院章程及其他相关管理文件；制定学院发展计划和批准年度工作计划；批准学院财务账户的年度预算和费用；衡量学院的师资配备情况；决定学院的分立、合并、终止；"章程"规定的其他职权。

重庆工程职业技术学院与莫斯科国立工艺大学（斯坦金）设立合作办学机构，在高校和企业资源、土地和房屋、教学和科研设备、学习资源等方面进行大量投入。

（1）企业界的支持。校企校三方合作是学校的办学特色，学校也积极开展校企合作人才培养模式。结合学院和莫斯科国立工艺大学（斯坦金）在技术行业雄厚的专业实力以及丰富的校企合作经验，不同于以往简单的高校与高校之间的合作模式，智能制造国际学院将探索"中方－俄方－企业"三方合作的教学模式，整合高校和产业界的资源，邀请工业界教师加入，担负起培养同时具有专业素养、实际产业认识和具备创新创业素质的能源领域高端人才、促进科研成果转化以及提供社会公共服务的任务。

（2）基础规划。校园占地约 1400 亩，校舍建筑面积约 39.42 万平方米。中外合作办学机构的教学办公场所主要在校内办公楼，并投入有相关的办公设备、家具和多媒体设备等保障教育教学工作的正常运行。学院提供学生宿舍、图书馆、各类活动中心和体育场等为智能制造国际学院学生提供良好的学习和生活条件。

（3）师资及教学投入。合作办学师资由重庆工程职业技术学院、莫斯科国立工艺大学（斯坦金）教师学校聘任的专职教师组成。所有课程均由中俄两校优秀教师讲授，俄方教师承担总学时约 35%左右，中方专业教师双语授课，承担总学时约 65%左右。另外，为促进资源整合，更好地满足智能制造国际学院的教学要求，部分课程由中俄双方合作设计开发。中俄双方根据教育教学安排提供教材、教学大纲和教学计划等教学资料，共同参与学院教学内容的设计，考核标准制定并组织考试。在课程设置上，引进斯坦金的部分专业核心课程，实现国内课程和引进课程的科学对接。其中，引进的外方课程数量、专业核心课程数量、外方教师承担的专业核心课程数、学时数均达到 1/3 以上。课程设置既能够保证完成国内课程，也能充分借鉴国外课程教学的先进经验，为学生知识结构和能力素质的可持续性发展提供了保证。

智能制造国际学院也将邀请专家交流访问、选派中方教师前往莫斯科国立工艺大学（斯坦金）进行各相关专业的教学资质培训和学术交流，以提高教师队伍的教育教学水平。

智能制造国际学院立足教育全球化大背景，面向未来，以更宽广的视野、更开放的心态，探索中外合作办学的创新发展模式，建立我国高等职业教育国际化机制体制改革的试验田和先锋队。智能制造国际学院的创建，使得中俄两校在相关学科实现交叉融合、优势互补，联合企业针对教育教学和实践研究进行统筹规划、整体设计、分工协作、有效衔接，探索并建立一套有效的体制机制。通过联合两校强势学科专业，结合重庆江津区产业需求，构建"专业技术+人文素养"虚实交错的现代学徒制人才培养模式、"工业软件+智能制造"相融合的课程体系，创新培养通晓国际规则，掌握国际先进技术的国际型卓越工匠。

2. 多元合作开发教学资源

（1）引进并开发教学标准。引进斯坦金大学教学标准和实验室标准，本土化改造并开发适合国内智能制造业标准体系。

（2）构建课程体系。深化课程内容改革，构建"工业软件+智能制造"相融合的课程体系，融合岗位群的国际职业资格证书、"1+X"证书等，选取与国际先进技术发展相适应的课程内容，合作开发教学资源、构建专业群核心课程，建设中英双语国际在线课程资源。

（3）建设智能制造教学资源库。以两校专业教学资源库为基础，对标俄罗斯专业教学资源库建设标准，将国际行业企业标准、岗位标准、新技术、新工艺、新规范等融入智能制造教学资源库，打造专业群资源共享平台，实现合作专业优质资源共享。

（4）构建高水平创新教学团队。采用中俄两校院士指引、名师带领、技能大师帮助的方式，引进、培养行业领军人才、技能大师等，共同打造一支由名师领衔，教授、技能大师、博士共同参与的能科研、擅教学、懂学生、重师德的智能制造专业群应用型科技创新团队。

通过每年每专业选派 1～2 名教师赴俄方学校和合作企业，参加企业技术改造和升级，学院教师参与真实场景国际化授课、学术交流、实验指导等活动，全方位提升教师国际化授课能力、师资国际化水平。

3. 人才培养

中俄双方采用"3+0"合作模式，在学校开办三年制专科学历教育专业，包含工业机器人技术专业、机电一体化技术专业、软件技术专业。合作办学人才培养方案由双方共同设计制定。招收对象为参加全国高校统一招生考试并达到专科录取分数线的应届考生，每年每专业拟招收 40 人。学生在学校学习 3 年，完成全部课程的学习并通过考试后，可获得中国高等院校专科毕业文凭和俄罗斯结业证书。

（三）项目成效

1. 创新培养国际型卓越工匠

（1）构建培养模式。通过与莫斯科国立工艺大学（斯坦金）合作办学，构建"专业技术+人文素养"虚实交错的现代学徒制人才培养模式，利用虚拟仿真教学与企业真实生产实践教学交错进行，培养通晓国际规则，掌握国际先进技术的国际型卓越工匠。

（2）深化产教融合。依托我校智能制造技术协同创新中心、职教集团以及斯坦金大学俄意机械工程和技术培训中心、俄罗斯－瑞士微处理技术领域能力中心等高水平实训中心，以及双方合作企业共同实施现代学徒制育人。

（3）实施"双导师"培养。以中俄两校教学名师、技能大师引领，与国内外合作企业合作，单独制定人才培养方案，共同培养面向智能装备制造业，具有国际视野的高素质技术技能复合型人才，为学生参加世界技能大赛创造条件。

2. 共建高水平教学基地

（1）打造智能装备模拟实训中心。引进俄方虚拟实训教学资源，共建智能装备模拟实训中心。中心具备专业认知、实践教学、应用技术研究、社会培训、企业真实生产、国际和国内职业技能比赛等功能。

（2）优化升级智能制造实训中心。运用斯坦金大学新技术升级改造现有自动化生产线安装调试实训室，与 ABB 机器人公司、西门子、瑞士 GF 等中俄双方合作企业共建一个国内领先的集"产学研培创"功能为一体的智慧工厂。

（3）合作构建中俄院士工作站。引进俄方院士团队，与当地政府和企业合作，开展科学研究和技术研发，构建智能制造中俄院士工作站。

（4）打造世界技能大赛基地。依托俄方实训基地和优质教师团队，积极组建学生参加世界技能大赛，参与制定世界技能大赛标准，共同打造世界技能大赛和"一带一路"暨金砖国家"未来技能国际训练"基地。

第6章 发展展望

2013 年 9 月和 10 月习近平主席分别提出建设"丝绸之路经济带"和"21 世纪海上丝绸之路"的倡议（简称"一带一路"倡议），2014 年底李克强总理提出"国际产能合作"的理念，2015 年 5 月国务院出台《关于推进国际产能和装备制造合作的指导意见》。国际产能合作是"一带一路"建设的重要内容和实体支撑，深入开展国际产能合作是"一带一路"建设走深走实、行稳致远的关键。加快培养与推进面向国际产能合作的技术技能人才是职业院校重要使命。

实践证明，"共建与互鉴：高职国际合作 CEC 人才培养新范式"是全面贯彻党的教育方针，努力办好人民满意的教育，向世界贡献中国教育的智慧与方案。充分体现了"面向国际产能合作，构建 CEC 国际合作平台，开发 CEC 教育教学资源包，推行 CEC 人才培养方式，构建 CEC 绩效评价指标"的人才培养建构实践成效。在理念、方法、技术、效果等方面成效突出，已走在全国高职院校国际化人才培养改革的前列，对高职院校进一步服务国际产能合作作出了重要示范和突出贡献，对全国高职院校以及非洲、东盟、中亚等国产生了重大影响，具有引领作用和推广价值。

6.1 经验总结

高职国际合作 CEC 人才培养新范式主要运用了文明互鉴、三方共建和多维双元培养理念，实现了平台、资源和培养国际产能合作人才培养可行的实践范例，创建了事前预判、事中诊断、事后改进高职国际合作人才培养质量体系。

（一）创新高职国际合作新理念

践行习近平总书记构建人类命运共同体思想，提出了"文明互鉴、三方共建、多维双元培养"CEC 国际合作育人新理念。"文明互鉴"是国际合作的前提，体现了"文明因多样而交流，因交流而互鉴，因互鉴而发展"的理念，坚持以"文明互鉴"为前提研究实践高职国际合作"CEC"人才培养模式，是对习近平总书记提出的构建人类命运共同体"中国方案"的自觉践行。"三方共建"体现了现代治理理念，合作各方具备合作互补资源，搭建渠道畅通、运行有效、方式多样的合作平台，以形成文化认同、有效沟通、诚信合作、共建共享的国际伙伴关系，共同制定人才培养方案、共建共享优质课程资源、培养培训国际化师资队伍、合作开展技术研发与服务等，形成优势互补的合作态势。"多维双元培养"体现了合作育人的核心思想，包含"国与国、校与校、校与企"三个维度的"双元"，首先是国家与国家的政策许可，然后是校与校的合作办学，再次是校与企的供需对接。通过多种途径和方式的沟通、对接和合作，CEC 模式日益彰显出政府与政府、民间与民间、政府与民间、教育与教育、产业与产业、教育与产业的"多极发力"合作机制和"多维融合"合作效应。

（二）实施国际产能合作人才培养范式

在广泛深入开展国际合作育人基础上，提供了可复制可推广的创新"平台—资源—培养"国际产能合作人才培养可行的实践范例。一是依据国际产能合作急需的技术技能人才需求为基础，依托行业优势和专业特色，与"走出去"企业和国外院校搭建国际合作平台，为人才培养提供支撑。二是通过云课堂与虚拟仿真实训、课程资源建设和师资队伍培养方面构建教育教学资源包，为人才培养提供资源供给。三是根据不同国别、不同行业国际产能合作急需的技术技能人才特殊性要求，实施国内产业学院、境外合作办学、中外合作办学等形式，多途径实施国际化人才培养实践。

（三）创建高职国际合作评价指标体系

创建了"事前预判、事中诊断、事后改进"高职国际合作人才培养质量体系。使用评价指标体系，参与方在合作的三个阶段进行评估。周期性实施，螺旋性发展，形成质量保证闭环。第一阶段在合作启动前进行"事前"预判性评估，第二阶段在合作启动后进行"事中"诊断性评估，第三阶段在合作结束时进行"事后"改进性评估，保证能够有效使用高职国际合作 CEC 模式。

6.2 职业教育国际化未来展望

职业教育国际化已经迈出了开创性的步伐，通过鲁班工坊、现代学徒制、职业院校学生职业技能大赛、互联网+创新创业大赛等一系列重大项目、重大赛事的推动，我国已经逐渐形成具有中国特色的职教名牌。联合国教科文组织"教育 2030 行动框架"中倡议，到 2030 年，全面增加拥有相关职业技术技能的人员数量，各国应引导技能发展，促进不同形式的培训和学习发展，确保透明高效的技术与职业教育培训质量保障体系和资格框架。国家"十四五"规划和 2035 年远景目标纲要中明确提出，要提升教育对外开放水平，优化教育对外开放全球布局，深化中外人文交流。2021 年 4 月召开的全国职教大会站在两个百年的历史交汇点深刻分析了我国发展现代职业教育的重要机遇，强调要着眼国内国际两个大局，把加快发展现代职业教育作为塑造国际竞争新优势的战略之举。我国职业教育必将担负历史使命。

（一）服务专业群能力会进一步凸显

在全面建设社会主义现代化国家新征程中，"双高建设"是推动我国职教国际化的重要抓手，需要乘势而为，推进职业院校、职教专业群国际化建设。

1. 深化合作办学水平

通过中外深层次合作办学，构建中外"双导师"培养的现代学徒制；通过共同研制教学标准，开发多元共存的教学资源；通过院士指引、名师带领、技能大师帮助，共同打造专业群应用型科技创新团队；通过纵深合作，打造模拟实训中心、中俄院士工作站、世界技能大赛基地等高水平国际化育人平台。

2. 加强师资队伍国际化能力建设

通过主动对接国家级、省部级和校级国际交流与培训项目，多渠道、多方位地为各类师资队伍提供包括语言、专业、综合能力的培训方案，提升专业群教师教学创新团队，高技能领军人才和产业紧缺人才可持续发展能力。

3. 深入服务企业国际化需求

一方面通过与政府、园区、国外企业合作，满足企业"走出去"的需求，提高职业教育的适应性。另一方面与"走出去"企业、国外政府、国外院校合作，建设境外合作办学机构，培养本土化人才。

4. 推进国际合作制度建设

积极健全校级层面国际合作常态化体制机制建设。制定专业群国际合作绩效激励制度和资源配置机制；做好选、派、管、用，完善出国教师选派制度；加强落实国际化课程资源、专业群建设、实训条件改造升级的资金预算制度；充分调动师生参与国际合作的主动性和积极性；注重国际化绩效评价。

（二）信息技术引领职业教育国际化发展

当前，世界面临百年未有之大变局以及新冠肺炎疫情，这对全球教育对外开放、优质教育教学资源共享等提出了更大的挑战。

面对挑战，信息化技术将引领职业教育国际化发展，需调整并创新活动方式。利用 AR、VR、全息投影等技术，开发打造深度互动参与、体验感强的在线课程。通过大师讲座、实景视频云游览、小组线上协作等创新方式赋予人文交流面貌和活力。通过在线参与设计、案例研究、成果展示、总结分享等环节，构建丰富多样的学习体验。

（三）注重国际化多元评价制度

国务院印发的《深化新时代教育评价改革总体方案》中提出要改进高校国际交流合作评价。需要协同推进职业教育国际化的绩效评价，可采用多元化的评估方式，并将自评和外评结合起来，建立多元化的绩效评价制度。